Rebecca Niazi-Shahabi
Mir steht alles offen, ich find nur nicht die Tür

REBECCA NIAZI-SHAHABI

Mir steht alles offen, ich find nur nicht die Tür

Endlich gelassen und gut entscheiden

PIPER

Mehr über unsere Autoren und Bücher:
www.piper.de

MIX
Papier aus verantwor-
tungsvollen Quellen
FSC® C083411

ISBN 978-3-492-06156-8
© Piper Verlag GmbH, München, 2019
Satz: Kösel Media GmbH, Krugzell
Gesetzt aus der Scala
Litho: Lorenz & Zeller, Inning am Ammersee
Druck und Bindung: CPI books GmbH
Printed in the EU

INHALT

WENN MAN NUR WÜSSTE, WAS MAN WILL — DANN WÜRDE MAN ALL DIE ENTSCHEIDUNGSRATGEBER NICHT BRAUCHEN!

Um die Entscheidungsfindung von Menschen zu erforschen, legen Verhaltenspsychologen heimlich Münzen neben Kaffeemaschinen und Kopierer und stellen fest, dass dieser unerwartete »Nebenverdienst« ihre Probanden fröhlicher und risikofreudiger macht. Sie veranstalten komplizierte Lotterien und finden heraus, dass Menschen eher ihren Besitz schützen als Gewinne machen wollen. Und bei moralischen Dilemmata entscheiden sich die meisten Befragten lieber dafür, eine Katastrophe geschehen zu lassen, als aktiv einzugreifen und einen Kollateralschaden zu riskieren.

Die Ergebnisse dieser Versuche sind lehrreich, manchmal sogar verblüffend und durchaus unterhaltsam, aber was haben ausgelegte Münzen, moralische Dilemmata und Lotteriespiele mit unserem eigenen Leben zu tun? Wie können sie uns helfen, so zu entscheiden, dass am Ende genau das herauskommt, was uns wirklich glücklich macht?

Richtig kluge Entscheidungen zu treffen ist etwas, was jeder gut können möchte. Richtige Entscheidungen ersparen einem Irrwege, Liebesleid und bares Geld. Entscheiden wir aber zu schnell, können wir unser Leben ruinieren; brauchen wir zu lange, werden wir das Beste verpassen; riskieren wir etwas, können wir viel gewinnen, aber auch viel verlieren. Wer nicht oder falsch entscheidet, verpasst also die bestmöglichste Version seines Lebens – und das ist unverzeihlich. Jedenfalls glauben wir das.

Nicht entscheiden können ist quälend. Und selbst wenn wir unzählige Menschen um Rat fragen würden – im *entscheidenden* Moment können sie uns doch nicht helfen. Denn entscheiden muss man immer allein. Aber wie können wir herausfinden, was wir wollen, denn wüssten wir es, wäre die Sache ja schon entschieden? Entscheidungen markieren also den Punkt, an dem wir etwas am Status quo ändern müssen, aber noch nicht wissen wie.

Los geht's!

EINLEITUNG
WENN ALLES GANZ ANDERS WERDEN SOLL ...

... und man deswegen dringend entscheiden muss

Solange wir davon ausgehen können, dass alles beim Alten bleibt, meiden wir das Risiko. Erst wenn eine Situation unerträglich wird – der Job immer nerviger, der Partner immer liebloser, das Kind immer frecher, der Alltag immer langweiliger und die Figur immer konturloser –, haben wir das Gefühl, die *entscheidende* Wende in unserem Leben herbeiführen zu müssen.

Den ersten Schritt in die Freiheit, so empfehlen Coaches und Lebensberater, macht nur, wer etwas wagt und aus bestehenden Mustern ausbricht. Dafür soll man sich zum Beispiel ausmalen, wo man in einem Jahr oder in fünf oder zehn Jahren gerne wäre. Und dann soll man alles daransetzen, das Gewünschte zu erreichen. Schließlich können wir morgen alles sein, wenn wir heute nur wollen. Das Einzige, was uns angeblich einschränkt, sind unsere Ängste – und unsere Glutenallergie.

Doch die Wirklichkeit ist leider oft anders, als »nachdenkliche Sprüche mit Bildern« uns glauben machen wollen. Meist weiß man nämlich gar nicht so genau, was einen unzufrieden, unglücklich oder unruhig macht – ganz zu schweigen davon, welche Entscheidung einen von diesem Zustand erlösen könnte. Man weiß nur eines: So wie es ist, kann es auf keinen Fall bleiben!

Panisch macht man sich auf die Suche nach einem lohnenden Ziel, damit man endlich entschlossen losmarschieren kann, schließlich ergeben sich dann angeblich die meisten Entscheidungen von selbst. Nur wie kann es sein, dass man gar nicht weiß, welches Ziel man erreichen will? Traut man sich vielleicht einfach nicht, zu seinen wahren Wünschen zu stehen, wie viele Lebensberater behaupten?

Damit wir uns endlich trauen, üben sie Druck auf uns aus. »Zögere nicht länger«, »Verlasse deine Komfortzone«, »Glaube an dich und wirf deine Ängste über Bord!« sprudelt es aus der Lebenshilfedruckbetankung direkt in unser schlechtes Gewissen hinein. Und Druck ist ihrer Meinung nach nötig, um endlich die Hindernisse zwischen uns und unserem Ziel abzubauen. Endlich soll alles verschwinden, was uns bisher daran gehindert hat, zur richtigen Zeit am richtigen Ort zu sein und das Richtige zu tun.

Der Irrtum könnte größer nicht sein.

Derart motivierte Menschen sind zwar voller Hoffnung, dass sie nun alle nötigen Entscheidungen treffen werden, sie müssen aber schnell feststellen, dass ihnen ihre Entschlossenheit beim Entscheiden auch nicht viel hilft. Denn was auch immer sie Neues beschließen und beginnen, es gibt stets eine noch schönere Möglichkeit als die soeben ausgewählte. Einen noch größeren Traum, der sich erfüllen ließe, wenn man nur den Mut dazu hätte. Woher soll man also wissen, dass man auf dem richtigen Weg ist? Denn das ist das Problem mit den vielen Optionen, die uns heute angeblich zur Verfügung stehen: Wenn alles infrage kommt, ergibt nichts einen Sinn. Und man kann es genauso gut bleiben lassen!

Wie können wir also herausfinden, welche von den vielen Optionen *unsere* Option ist? Ob die nächste Reise, *die* Reise ist, die wir wirklich machen wollen? Wie können wir erkennen, ob es richtig ist, weiterhin durch *diese* Bürotür zu gehen und nicht stattdessen etwas ganz anderes zu machen? Wann es Zeit ist, seinen Partner zu verlassen, auf einer Familienfeier zu sagen, was man denkt, ein Kind zu bekommen oder alles aufzugeben und mit einem Wohnwagen durch die Welt zu ziehen?

Machen Sie ein Gedankenspiel: Stellen Sie sich vor, Sie hätten die absolute Entscheidungsautonomie. Alles, was Sie in Ihrem Leben bereits getan, gesagt, unterlassen oder auch nicht gesagt haben, war genau das, was Sie tun wollten. Gehen Sie nur zum Spaß davon aus, dass Sie instinktsicher stets die Alternative ergriffen haben, die unter den gegebenen Umständen, unter Berücksichtigung Ihrer Talente, Schwächen und Vorlieben, sowie Ihres jeweiligen Wissens- und Kontostands die beste Entscheidung war. Anders kann es ja gar nicht gewesen sein, denn sonst müsste Sie jemand daran gehindert haben – und dieser Jemand kann niemand anderer gewesen sein als Sie selbst. Und selbst in diesem Fall müssten Sie sich eigentlich keine Vorwürfe machen, denn auch dafür werden Sie Ihre Gründe gehabt haben. Denn hinter jeder Unentschlossenheit, hinter jedem Zögern steckt ein ganz besonderer Sinn. Nun müssen Sie nur noch herausfinden, welcher. Und dann ergibt sich Ihre nächste Entscheidung von ganz allein.

1
DU KANNST ALLES,
WENN DU DICH TRAUST

Im Gefängnis der Möglichkeiten

»Wir sind alle maximal frei und maximal unter Zwang. Und zugleich wollen wir uns so viele Optionen wie möglich offenhalten.«

Hartmut Rosa, Soziologe

Es passiert selten, aber es kommt vor: Sie sind verwechselt worden. Als man Ihnen die Aufnahmen aus dem Vorraum einer Bankfiliale vorführt, müssen auch Sie zugeben, dass die Person, die dort den Bankautomaten sprengt, Ihnen verblüffend ähnlich sieht. Ein Serientäter, es besteht Flucht- und Wiederholungsgefahr, also kommen Sie in Untersuchungshaft. Sie versuchen Ruhe zu bewahren, was nicht einfach ist in dieser Umgebung. Vom Bett aus schaut man auf ein verkalktes Waschbecken und eine Toilette, wenigstens sind Sie allein in Ihrer Zelle. In dieser Nacht schlafen Sie nicht, und als Sie um sechs Uhr fünfzehn geweckt werden und nach Ihrem Anwalt fragen, vertröstet man Sie auf später. Sie werden hier bald herauskommen, da ist sich Ihr Anwalt sicher, trotzdem bleibt ein komisches Gefühl, als Sie nach der Unterredung wieder aus dem Besucherraum in Ihre neun Quadratmeter große Zelle geführt werden. Als die Zellentür hinter Ihnen geschlossen wird, bricht Ihnen der Schweiß aus. Zum ersten Mal in Ihrem Leben haben Sie Platzangst.

Am nächsten Tag wollen Sie mit Ihrem Arbeitgeber telefonieren, Sie müssen das Telefonat anmelden. Das Mobiltelefon hatte man Ihnen gleich bei Ihrer Einlieferung abgenommen. Am Nachmittag am Telefonapparat im Besucherraum, im Beisein eines Justizbeamten, erklären Sie sich. Ihr Arbeitgeber versichert Ihnen, dass Sie sich keine Sorgen machen brauchen; ein Justizirrtum, der sicher bald aufgeklärt ist.

Binnen achtundvierzig Stunden, hatte Ihr Anwalt gesagt, sei mit Ihrer Entlassung zu rechnen, kein Grund also, voreilig Verabredungen und Geschäftstermine abzusagen. Obwohl völlig übermüdet, können Sie auch diese Nacht nicht einschlafen. Der Beamte der Frühschicht bringt Ihnen das Frühstück, danach sitzen Sie auf dem Stuhl und warten, aber worauf? Sie sind noch keine drei Tage in Haft und können sich bereits vorstellen, dass man hier von Mahlzeit zu Mahlzeit lebt. Außer dem einstündigen Hofgang gibt es keinerlei Ablenkung. Sie werden etwas zu erzählen haben, beim nächsten Treffen im Biergarten, Sie wissen jetzt, wie es ist, wenn man sich mit allen Fasern seines Körpers nach Freiheit sehnt. Als Sie am Nachmittag im Hof zum ersten Mal anderen Häftlingen begegnen, schlägt Ihr Herz schneller. Mit einem Italiener namens Matteo spielen Sie eine Runde Tischtennis, er ist schon vier Monate hier und verrät Ihnen, dass man einen Fernseher und sogar einen E-Book-Reader mit versiegeltem USB-Anschluss mieten kann.

Eine Woche dauert es, bis der Reader genehmigt ist. Sie finden darauf die neueste Unterhaltungsliteratur, aber auch Klassiker des 19. Jahrhunderts. Sie beginnen mit zwei Werken, von denen Sie immer behauptet haben, dass Sie sie gelesen hätten, die sie aber in Wirklichkeit nur als Zusammenfassung kennen. Der Nachmittag geht schnell vorüber, wann haben Sie das letzte Mal konzentriert drei Stunden am Stück gelesen? Nach dem Abendbrot lesen Sie weiter, wenn man am Schreibtisch sitzt und die Schranktür aufklappt, sieht man die Toilette gar nicht, und Sie fühlen sich fast wohl in Ihrem kleinen Zimmer.

Wiederum zwei Wochen später haben Sie eine Routine entwickelt. Nach dem Frühstück machen Sie eine Stunde Sport, dann widmen Sie sich Ihrer Lektüre, und nach dem Mittagessen (welch wunderbares Gefühl, sich keine Gedanken mehr darüber zu machen, was man essen will und sich mit der Freundin zu streiten, wer heute einkauft und kocht), spielen Sie eine Partie Tischtennis mit Matteo. Außerdem haben Sie sich über einen Freund englische und italienische Bücher zukommen lassen. Der Urlaub mit Ihrer Freundin auf Sylt ist abgesagt, aber den kann man nachholen. Matteo sagt, dass Ihr Italienisch schon viel besser geworden ist, Sie fragen nicht, warum er in Untersuchungshaft ist, es ist Ihnen egal, schließlich haben Sie eine Einzelzelle und fühlen sich ob der Komplettüberwachung (man befindet sich schließlich im Gefängnis!) recht sicher. Sie freuen sich einfach auf die Nachmittage mit ihm, und auch Sie scheinen ihm sympathisch zu sein.

Ihr Freund kommt zu Besuch und macht Ihnen Komplimente zu Ihrer Figur. Sie haben sich lange nicht mehr im Spiegel angeschaut, denn weder in Ihrer Zelle noch in den Duschräumen gibt es Ganzkörperspiegel, aber Ihnen ist aufgefallen, dass Ihre Hosen lockerer sitzen. Offensichtlich scheinen der Sport am Morgen und die Tischtennisrunden am Nachmittag einen gewissen Effekt zu haben. Weil Ihnen inzwischen das Lesen englischer Fachliteratur leichterfällt, bestellen Sie sich die neueste 3-D-Software. Sie haben schon lange mit dem Gedanken gespielt, sich auf diesem Gebiet weiterzubilden, hatten aber natürlich nie die Zeit dazu. Zum Glück sind Sie fast der Einzige, der den PC im Aufenthaltsraum benutzt, Sie arbeiten sich die nächsten Wochen durch das interaktive Traineeprogramm, wahrscheinlich werden Sie Ihre Kompetenzen noch einmal vertiefen müssen, aber im Großen und Ganzen sind Sie mit Ihren Fortschritten zufrieden.

Ihr Anwalt meldet sich, seinem Antrag auf erneute Haftprüfung wurde stattgegeben, und plötzlich ist es so weit, Sie können gehen. An dem Nachmittag, an dem Sie ins Freie treten, scheint die Sonne: Sie sprechen Italienisch, beherrschen ein kompliziertes 3-D-Programm, Ihr Oberkörper ist definiert und Sie haben alles von Dostojewski gelesen – würden Sie diese Zeit bereuen?

WEM ALLES OFFENSTEHT, DER WEISS NICHT, WO ER HINGEHEN SOLL

Wir haben zu viele Möglichkeiten und können uns darum immer schlechter entscheiden. Aber haben wir wirklich all diese Möglichkeiten, von denen da gesprochen wird? Und wenn ja, warum meinen wir, diese Möglichkeiten alle in Anspruch nehmen zu müssen?

In seinem Buch *Anleitung zur Unzufriedenheit* legt der amerikanische Psychologe Barry Schwartz dar, warum es unmöglich ist, mit einer Wahl zufrieden zu sein, wenn man aus zu vielen Optionen auswählen kann. Die Idee, den allgegenwärtigen Terror der Vielfalt zu erforschen, kam ihm angeblich beim Jeanskauf. Jahrelang mit einer passenden Jeans in seiner Größe hochzufrieden, entdeckte er eines Tages im Jeansladen seines Vertrauens, dass im Laufe der Zeit eine ganze Bandbreite von Jeansmodellen hinzugekommen war. Nun gab es außer Casual noch Stretch, Slim, Comfort, Regular und Loose Fit. Natürlich kam bei dieser Auswahl die Frage auf, ob denn das Jeansmodell, welches er sich vor mehr als zwanzig Jahren ausgesucht hatte, auch genau jenes war, welches am besten zu ihm passte. Er probierte mehrere neue Modelle, betrachtete sich im Spiegel und war ratlos. Schließlich kaufte er irgendeine Jeans und verließ unzufrieden den Laden. Doch selbst wenn er eine Jeans gefunden hätte, die ihm besser gefallen hätte, als die, die er immer trug, wäre er nicht mehr glücklich geworden: Denn um das für ihn in diesem Laden optimale Modell zu erwerben, hätte er sämtliche Jeans anprobieren und in seine Entscheidung mit einbeziehen müssen – und genau dazu hatte er weder Lust noch Zeit.

Entscheidungstipp: Eine Garderobe voller Lieblingsstücke

Wer sich schwer beim Kleidereinkauf entscheiden kann, dem rät die Berliner Fotografin und Kostümbildnerin Sandra Schuck: »Kaufen Sie nur noch Kleidungsstücke, von denen Sie ganz sicher sind, dass sie zu Ihren absoluten Lieblingsstücken gehören werden. Alles, was Sie nur okay oder ganz praktisch finden, lassen Sie im Laden liegen. Wer braucht eine zweite Sofahose oder einen dritten Schlafpulli? Oder noch mehr langweilige Schuhe zum Wandern und für die Gartenarbeit? Wenn Sie diesen Tipp beherzigen, haben Sie irgendwann eine Garderobe, die hauptsächlich Kleidungsstücke enthält, die Sie tatsächlich anziehen mögen.«

Barry Schwartz' Thesen beziehen sich vor allen Dingen auf Konsumfragen, doch die Übergänge zu Lebensentscheidungen sind fließend: Nicht wenige Menschen leiden darunter, dass die Auswahl an Möglichkeiten zu groß ist und sie einen nicht unwesentlichen Teil ihrer Lebenszeit darauf verwenden, diese Möglichkeiten zu prüfen und zu verwerfen. Und dabei haben sie natürlich ständig Angst, das Beste zu verpassen.

Längst hat der Kostenaufwand (Nerven und Zeit) den Nutzen (eine große Produktauswahl) überholt. In der berühmten »Marmeladenstudie« von Wissenschaftlern der Universitäten Columbia und Stanford konnte in Versuchen in kalifornischen Supermärkten gezeigt werden, dass an Probierständen mit einer großen Auswahl an Marmeladen zwar mehr Menschen stehen bleiben, dass aber die tatsächlichen Verkaufszahlen ab mehr als sechs Sorten signifikant sinken. Ab vierundzwanzig Sorten vergeht schließlich jedem Supermarktkunden die Lust auf Marmelade. Die Versuche wurden in mehreren Ländern mit Schokoaufstrichen, Landschaftsbildern und Schuhen wiederholt, die Ergebnisse sind immer dieselben.

Aus vierzig verschiedenen Zahnpastamarken und siebenundachtzig Salatdressings wählen zu dürfen, macht nicht glücklich, sondern depressiv.

Manche sind von dem Überangebot um sie herum derart überfordert, dass sie daran scheitern. 2014 wurde in Berlin eine junge Frau in die Psychiatrie eingeliefert, weil sie auf offener Straße zusammengebrochen war. Grund ihres Zusammenbruchs: Sie hatte geglaubt, alles würdigen und wahrnehmen zu müssen, was diese Stadt ihr zu bieten hat, also Ausstellungen, Ladeneröffnungen, Lesungen, Konzerte, politische Informationsveranstaltungen, Klubnächte,

Flohmärkte und so weiter. Das ist naturgemäß mehr, als ein Sterblicher zu leisten imstande ist, selbst wenn er die Zeit für Nahrungsaufnahme und Schlaf auf ein Minimum reduziert, wie es diese Frau getan hatte. Sie ist aber nicht die Einzige, der es schwerfällt, sich zu entscheiden, welche der Angebote sie auswählen soll, die uns das Leben macht. Kein Wunder, dass Seminare über Entscheidungsfindung oft bis auf den letzten Platz ausgebucht sind und Onlineangebote mit Überschriften »Wie du Klarheit über deine Ziele erlangst« oder »Finde deine Berufung – ohne Umwege«, »Der ultimative Trick, um endlich klügere Entscheidungen zu treffen« hohe Klickzahlen erzielen.

Zu viel Auswahl zu haben, ist einfach die Hölle: Wir erfahren von zu vielen Partys und zu vielen günstigen Reiseangeboten. Wenn wir wollten, könnten wir über das Internet sämtliche Junggesellen der Stadt kennenlernen oder Pullover in allen Farben bestellen. Wir können unsere Hochzeit um die Ecke oder im Ausland feiern, uns wieder scheiden lassen, studieren und eine Patchworkfamilie gründen, Gutes tun oder Karriere machen, Papageien züchten, mit fünfzig Jahren noch einmal unser Leben ändern, ein Schloss renovieren, einen Film über eine bayerische Blaskapelle drehen oder nach Afrika reisen und mit Nashörnern und Wildkatzen schmusen. Kaum haben wir uns dann endlich für irgendetwas entschieden, werden wir gleich mit neuen Vorschlägen konfrontiert, durch die man uns darauf aufmerksam macht, welche aufregenden und tollen Möglichkeiten wir noch gar nicht in Betracht gezogen haben.

Nicht zu vergleichen mit den Zeiten, in denen nur wenige Lebensmodelle und Geburtstagspartys zur Auswahl standen und man wusste, was man wann zu tun hatte. Und selbst, wenn man sich in diesen enggesteckten Rahmen gelangweilt haben sollte – so war dieses Gefühl doch immer noch angenehmer als der quälende Verdacht, das Wesentliche finde woanders und ohne einen statt.

Je besser und sinnvoller wir also unsere Zeit nutzen möchten, desto mehr Zeit scheinen wir zu brauchen, um herauszufinden, welchen Möglichkeiten wir in unserem Leben den Vorzug geben wollen. Aber eine Wahl, bei der wir zu viel Zeit verlieren, führt sich selbst ad absurdum. Man kann tatsächlich so lange überlegen, auf eine Party zu gehen, bis sie vorbei ist; sich einen Reisetermin so lange offenhalten, bis alles ausgebucht ist; so lange zögern, jemandem seine Liebe zu gestehen, bis derjenige einen anderen oder eine andere hat, und Chancen so lange überdenken, bis sie auf immer verloren sind. Oder einfach so lange grübeln, bis einem alles egal geworden ist.

Wer drei Jahre überlegen muss, was er beruflich machen möchte, hätte in der Zeit eine Elektrikerausbildung machen können, und Elektriker werden immer gesucht!

Sich zu entscheiden, gehört zu einer der anstrengendsten psychischen Operationen, die man als Mensch zu leisten hat. Wer auf einmal zu viel entscheidet, kann damit sogar die Symptome einer klinischen Depression herbeiführen. So geschehen in den Achtzigerjahren in den USA. Während einer groß angelegten Studie, mit der die Auswirkung von Entscheidungsprozessen auf mentale Fähigkeiten untersucht werden sollte, wurden frisch verlobte Paare auf ihr Entscheidungsverhalten hin untersucht. Teilnehmer waren Männer und Frauen, die gerade im Begriff waren zu heiraten und anlässlich ihrer Hochzeit in einem Kaufhaus einen sogenannten Hochzeitstisch zusammenstellen mussten. Die Auswahl für einen solchen Tisch beinhaltet eine Menge Entscheidungen, denn das Paar entscheidet gemeinsam, was an Geschirr, Haushaltsgeräten und Nippes es von seinen Gästen geschenkt bekommen möchte.

Vorher und nachher sollten die Probanden Rechenaufgaben lösen, damit die Studienleiterinnen schauen konnten, ob sich nach einem solchen Entscheidungsmarathon die Intelligenz vermindert. Das Problem war: Die Teilnehmer waren nach dem Verlassen des Kaufhauses zu gar nichts mehr in der Lage. Die meisten Paare hatten sich gestritten, die Frauen hatten verweinte Augen und baten darum, allein zu sein, die Männer wollten kein Wort mehr sprechen, geschweige denn Matheaufgaben lösen. Ob sie die Versuchsleiter mit ihrer Verweigerung enttäuschten, war ihnen vollkommen gleichgültig geworden.

Jeder weiß, dass Ehen und Freundschaften an einer Badezimmersanierung oder an einem Hausbau zerbrechen können, da solche Projekte mehr Entscheidungen beinhalten, als eine menschliche Seele verkraften kann. Und jeder Psychologe würde einem bestätigen, dass, wenn die Ehe dann zerbrochen ist, man es tunlichst vermeiden sollte, gleich im Anschluss entscheiden zu wollen, was nun mit dem halb fertigen Badezimmer oder Haus geschehen soll.

Bei zu viel Auswahl vergeht uns also nicht nur die Lust auf Marmeladen, Jeans, Partys und die neueste Kaffeemaschine, sondern sogar auf Freundschaft und Liebe. Es gehört zu den Standardeinsichten, dass die vermeintlich unendliche Partnerauswahl auf Online-Kennenlernbörsen dazu führt, dass sich Menschen einfach nicht mehr füreinander entscheiden können. Denn schließlich könnte sich hinter jedem Profil ein noch schönerer Kandidat verbergen, der noch besser zu einem passt. Dabei ist das Sich-nicht-entscheiden-Können hier fast noch das geringste Problem. Das wirklich Schlimme ist: Ab einer bestimmten Auswahl mag man nicht einmal die schönste und klügste Person der Stadt in seinem Bett haben – sondern gar keine mehr!

Zu viel Auswahl erzeugt Bindungsunfähigkeit:

»Die kognitive Psychologie zeigt: Wenn wir zu viel Auswahl haben, ruft das entweder Entscheidungsunfähigkeit oder Leidenschaftslosigkeit hervor. Wir können keine klare Auswahl mehr treffen. Im Ergebnis zersetzt zu viel Auswahl unsere Fähigkeit, uns zu binden.« Eva Illouz

---

Man könnte den Eindruck gewinnen, dass dieses Dilemma nicht ganz so brisant wäre, wenn man mehr Zeit zur Verfügung hätte. Aber auch mit mehr Zeit wird das Problem nicht gelöst. Würde man damit rechnen können, nicht achtzig oder neunzig, sondern zweihundert Jahre zu leben, käme man trotzdem um die wichtigsten Entscheidungen nicht herum. Wäre man dagegen unsterblich, wäre das Entscheiden noch schwieriger, denn dann ließe sich jede Entscheidung unendlich aufschieben. Das Ergebnis: noch mehr Überdruss und Langeweile.

Diese Erfahrung macht der italienische Adelige Fosca, die Hauptfigur in Simone de Beauvoirs *Alle Menschen sind sterblich*. Fosca hat Anfang des 14. Jahrhundert einen Zaubertrank zu sich genommen, der ihn unsterblich gemacht hat. Am Anfang triumphierte er, doch ziemlich bald nach ein paar Jahrhunderten packte ihn der Überdruss. Wo er auch hinreiste, nach Amerika, ins deutsche Kaiserreich oder ins revolutionäre Spanien, und was er auch tat, forschen, beraten, kämpfen, lieben, überall erkannte er letztlich die Sinnlosigkeit des menschlichen Daseins. Alles was Menschen sich aufbauen, wird am Ende vernichtet, jeder Mensch, der geboren wird, wird am Ende vergessen sein. Und so liegt er 650 Jahre später auf dem Rasen vor einem Hotel in einem Ferienort irgendwo in Europa und tut gar nichts mehr. Bis ihn eine exaltierte Schauspielerin aus seinem Phlegma reißt und ihm durch ihre Nöte und Sehnsüchte klarmacht: Gerade durch die Begrenztheit der Zeit bekommt das, was wir tun, überhaupt einen Sinn. Und auch für ihn, den Unsterblichen, kommt *dieser* Moment mit *dieser* Geliebten nicht wieder, und nur deswegen bedeutet er etwas. Denn es geht ja nicht darum, im Leben besonders viele Möglichkeiten zu nutzen, sondern die richtigen. Aber genau das ist die Schwierigkeit. Wenn ich nämlich fast alles wollen kann, will ich am Ende gar nichts mehr. Nicht einmal das, was für mich richtig gewesen wäre.

Zu wenig Zeit zu haben, ist
schlimm, doch zu viel Zeit ist
schlimmer!

Kaum einer würde also der These widersprechen, dass die meisten Menschen in den westlichen Ländern mehr Angebote und Möglichkeiten haben, als ihnen zuträglich ist. Man müsste, so die Soziologin Eva Illouz, einen Weg finden, seine Auswahl irgendwie wieder einzugrenzen. Denn nur so und nicht anders würde man wieder entscheidungsfähig. Umso erstaunlicher und eigentlich unerklärlich ist es daher, dass in den entsprechenden Ratgebern, Seminaren und Lebenshilfe-Blogs zum Thema Lebensgestaltung nun nicht versucht wird, diese uns erdrückende Auswahl zu minimieren, sondern sie sogar noch zu erweitern! Denn genau das tun die meisten Tipps, die in den sozialen Medien im Umlauf sind: Da sollen wir doch einfach mal etwas wagen und unser Leben zu einem spannenden Abenteuer machen. Denn, wie eine Schweizer Coachingagentur 2019 auf Facebook wirbt,»außerhalb der Komfortzone warten unzählige Möglichkeiten«. Als wären die vielen bequemen und naheliegenden Alternativen nicht schon genug, um uns zur Verzweiflung zu bringen.

Ich würde ja sogar unbequeme
Wege gehen – nur wer sagt mir,
dass ausgerechnet DIESER unbe-
queme Weg der richtige ist?

Die These hinter all diesen Lebens- und Entscheidungstipps lautet: Unsere Schwächen und Einschränkungen hindern uns daran, dem Leben das größtmögliche Stück vom
Kuchen abzutrotzen. Wir selbst begrenzen uns, durch feh-
lenden Mut und durch fehlendes Vertrauen, unsere Zaghaf-
tigkeit und mangelnde Experimentierfreudigkeit. Würden
wir sie überwinden, könnten wir nicht nur aus dem Angebot wählen, welches wir schon kennen, sondern zusätzlich
noch aus den viel schöneren und tolleren Angeboten, die
wir im Moment gar nicht wahrnehmen können, weil wir
(noch nicht) »offen«, »mutig«, »kreativ« und »frei« genug
dafür sind. Diese bisher für uns nicht erkennbaren Möglichkeiten werden natürlich alles übertreffen, was wir jemals in unserem Leben getan haben. Und es wird die Zeit
kommen, in der wir uns darüber wundern, wie wir mit
unseren alten, vertrauten Entscheidungen haben zufrieden
sein können.

Allerorts fordert man uns auf, lieb gewonnene Gewohnheiten, bewährte Konsumentscheidungen und Beziehungen infrage zu stellen, als läge darin unser Heil. Das heißt,
nicht einmal das, wofür ich mich schon einmal entschieden
habe, darf ich so lassen, wie es ist. Aber wer hat jemals
schon erlebt, dass dieses dauernde Neuerfinden, also das
Umentscheiden, glücklich macht?

Auch der österreichische Philosoph Robert Pfaller fragt
sich, warum die postmodernen Individuen nicht auf einer
einmal gefundenen Lösung beharren dürfen. In *Das schmutzige Heilige und die reine Vernunft* zitiert er das berühmte
Motto der 68er-Bewegung »Wer zweimal mit derselben
pennt, gehört schon zum Establishment.«, um dann hinzu-
zufügen, dass heute nicht einmal die Affäre mit sich selbst
zu lange dauern dürfe. Aber warum denn eigentlich nicht?

Die Begründung hinter diesen Ratschlägen lautet: Es gibt so viel zu sehen und zu erleben, die Welt ist bunt, warum also im Lieblingsrestaurant immer das gleiche Gericht bestellen, im Urlaub nach Italien fahren und am Wochenende an den Baggersee? Warum am Bewährten kleben, am Job, der einen ernährt, an den Menschen, die einen schon lange kennen, an der Alltagsroutine, die einem das Nachdenken erspart?

Das Vertrackte ist, dass uns heute nicht nur die anerkannten und normierten Ideen für unsere Lebensgestaltung zur Verfügung stehen, sondern auch und gerade die, mit denen wir mit der Norm brechen. Theoretisch ist es also möglich, an jedem Punkt seines Lebens eine 180-Grad-Kehrtwende hinzulegen! Dabei sollen wir nur auf uns selbst hören, das heißt, nicht einmal die Meinung und Wünsche anderer sollen bei unseren Entscheidungen eine Rolle spielen! Schade eigentlich.

Wer vernünftige Überlegungen äußert, dass die eine oder andere Option doch eher nicht für einen infrage kommt, weil sie einem zu anstrengend, zu unrealistisch oder zu abenteuerlich vorkommt, steht schnell in dem Verdacht, nichts gegen seine Einschränkungen unternehmen zu wollen. Geld verdienen und eine Familie ernähren müssen, sind keine Argumente mehr. Der Hinweis auf soziale oder gesellschaftliche Zwänge ruft sofort Widerspruch hervor. Nicht einmal ganz offensichtliche Benachteiligungen gelten noch: Kein Mensch, der ernsthaft vorhat, seine Lebensgestaltung in die eigenen Hände zu nehmen – so die gängige Meinung –, sollte sich von seiner Herkunft, seinem Geschlecht, seiner Hautfarbe oder seiner physischen und psychischen Konstitution aufhalten lassen. Auch ein »zu alt« wird inzwischen nicht mehr akzeptiert, denn prinzipiell ist es möglich, selbst diese Grenze zu überwinden. Man muss nur die mutige Entscheidung dafür treffen. Aber ist es wirklich klug, bei Entscheidungsschwierigkeiten seine Auswahl durch die Überwindung solcher Grenzen noch zu vergrößern? Oder könnten meine Schwächen und Verpflichtungen mich nicht sogar von vielen Entscheidungsqualen erlösen? So würde mich Flugangst zum Beispiel zwingen, nur zu reisen, wenn ich wirklich will oder muss. Existenzängste machen einen zuverlässiger als andere beziehungsweise ermöglichen einem, etwas durchzuhalten, was Ungeduldige nicht schaffen. Wer sich aufregt, sobald ein Brief vom Finanzamt kommt oder das Wasserrohr im Keller platzt, wird kein aufwendiges Freizeit- und Abenteuersportprogramm benötigen, um überhaupt mal etwas zu fühlen. Wer die Routine liebt, der weiß, dass das Glück vor allen Dingen in den kleinen Dingen liegt. Und selbst, wenn sich mal nicht aus einer Schwäche Kapital schlagen lässt, dann hat man in seiner knappen Zeit so viel anderes zu tun, als auch noch den Kampf gegen seine Ängste anzutreten. Berater und Coaches sehen dies in der Regel anders und motivieren ihre Klienten dazu, ihren Handlungsspielraum durch die Arbeit an sich selbst zu erweitern. Doch damit sperren sie sie in das eigenartigste Gefängnis, das es gibt: das Gefängnis der unendlichen Möglichkeiten.

Die Journalistin Eva Hoffmann schreibt in ihrem Essay »Warum das Versprechen, alle Optionen zu haben, kein gutes ist«, dass es ihr eine Menge Stress erspart hätte, wenn man ihr nicht dauernd das Gefühl gegeben hätte, dass ihr alle Wege offenstünden. »Diese zwei, drei Wege stehen dir offen und das ist völlig okay, klingt vielleicht weniger aufregend. Es wäre aber eine viel ehrlichere Art, mit dieser sowieso schon hyperkomplexen Welt umzugehen (...).«

Je mehr wir uns zutrauen, desto mehr Möglichkeiten haben wir. Da wir aber nur ein Leben haben und in diesem Leben nur einen Bruchteil der Möglichkeiten nutzen können, vergrößern wir damit vor allen Dingen die Anzahl der Möglichkeiten, die wir verpassen. Diese metaphysische Bedingung von Entscheidungen hat schon immer und für alle gegolten, sie hat aber heute eine ganze neue Dimension bekommen. Weil wir heute so viel entscheiden können, müssen wir es plötzlich auch! Das erzeugt einen ungeheuren Druck, eine Art Lebensgestaltungsstress, dem man sich nicht einmal in seiner Freizeit entziehen kann. Und immer noch halten wir es für eine Bedingung des gelungenen Lebens,»möglichst viel Welt in unsere Reichweite zu bringen«, wie es der Soziologe Hartmut Rosa ausdrückt. Obwohl man sich schon längst überfordert fühlt, glaubt man immer noch, ein Mehr an Möglichkeiten würde automatisch glücklicher machen.»Der Irrtum besteht darin«, so Hartmut Rosa,»dass die Steigerung von Möglichkeiten an sich keinen Wert hat: die permanente Vermehrung von Optionen ist an sich kein Zugewinn von Freiheit, der tritt logischerweise erst ein, wenn ich meine Wahlmöglichkeiten auch realisiere.« Und diese Realisierungsmöglichkeiten sind und bleiben immer begrenzt. Deswegen ist natürlich auch die Mahnung des Verkaufstrainers Dirk Reuter, und vielen anderen seiner Zunft, absurd, man solle sich bald entscheiden, damit man nicht eines Tages mit der Realität leben müsse, alle Chancen verpasst zu haben. Denn genau diese Realität zeichnet ja das menschliche Dasein aus: Wenn es etwas gibt, was uns verbindet, dann ist es genau diese Erfahrung: Dass eine Entscheidung *für* etwas gleichzeitig die Entscheidung *gegen* vieles andere ist.

Die meisten Chancen in seinem
Leben wird man verpassen, daran
führt kein Weg vorbei.

Dass man Chancen, die man gar nicht hat, auch nicht verpassen kann, führt manchmal zu der seltsamen Situation, dass Menschen mit eingeschränkter Handlungsfreiheit gar nicht so unglücklich sind, wie man vermuten könnte. So waren ab Mitte der Achtzigerjahre bis zur Wende 1989 die Forschungsstudenten und Musikwissenschaftler aus der ehemaligen DDR, die im Rahmen des deutsch-deutschen Kulturabkommen die Möglichkeit erhielten, nach Westberlin zu reisen, die eifrigsten Besucher der Staatsbibliothek. Um diese zu besuchen, bekamen diese Studenten ein sogenanntes Butterbrotvisum. (Dieses Visum hieß so, weil man nur mit einem eingepackten Butterbrot, das heißt ohne Geld, nach drüben durfte.) Jeden Morgen standen die Ost-Studenten vor der Bibliothek Schlange, und kaum wurde aufgeschlossen, stürmten sie hinein und lasen alles, was sie zu ihrer Fachrichtung in die Finger bekamen. Nicht wenige schmuggelten Wertgegenstände und Schmuck mit in den Westen, die sie heimlich verkauften, um von besonders wichtigen Passagen der Westliteratur Fotokopien machen zu können. Nie, so berichteten die ehemaligen Studenten heute, kam bei ihnen die Frage auf, ob ein Dutzend Seiten über moderne Musikpädagogik es wert waren, dafür den Goldschmuck der Oma herzugeben. Denn sie waren sich sicher, dass es das war.

Keine Möglichkeiten machen unglücklich, wenige Möglichkeiten machen sicher, zu viele Möglichkeiten machen nervös und depressiv.

Welche Arbeit, welcher Sport, welches Musikinstrument, welche Stadt, welches Land, welche Wohnungseinrichtung, welche Ernährungsphilosophie, welche fünf Freunde, mit denen es sich lohnt, seine Freizeit zu verbringen? Inzwischen gibt man diesen Entscheidungsstress an seine Kinder weiter, als käme es wirklich für ihre Entwicklung darauf an, ob sie nun in ihrer Freizeit Bogen schießen oder Fußball spielen, Chinesisch oder Harfe lernen oder einfach nur am Nachmittag spielen gehen, wie andere Kinder auch. Irgendwann gibt es keinen Lebensbereich mehr, in dem ich nicht entscheiden muss, was zu mir passt. Dauernd muss man zeigen, wer man sein und wie man leben möchte, beklagt auch die amerikanische Schriftstellerin Sheila Heti in einem Interview. »Es gibt keinen Raum mehr, in dem man sich nicht darstellen muss, nicht einmal im Schlafzimmer – selbst da kommt es drauf an, welche Lampe oder andere Einrichtungsgegenstände man ausgewählt hat.«

Nach einer anstrengenden oder ungeliebten Arbeit gibt es wenigstens einen Feierabend, doch wann gibt es in diesem Entscheidungsdauerlauf eine Pause, in der ich nichts mehr entscheiden muss, sondern einfach nur schauen darf, was sich ergibt?

Möglichkeiten kann man nutzen,
keine Frage. Man kann sie aber
auch verwerfen, ablehnen, igno-
rieren und in aller Ruhe an sich
vorbeiziehen lassen.

Was also dringend nötig wäre, ist ein Zwischenraum, in dem ich alles so machen kann, wie ich es schon immer gemacht habe, oder lediglich das tue, was andere tun – und mir keine Gedanken darüber machen muss, was ich will. Denn wer weiß schon, was er will?

2
ENDLICH EINMAL ETWAS RICHTIG MACHEN

Warum Entscheiden nicht die Lösung ist

»Manchmal habe ich das Gefühl, dass eine Entscheidung nur falsch ist, weil ich sie getroffen habe.«

Nektarios Vlachopoulos

In dem ARD-Dokumentarfilm über das Comeback des Motivationstrainers Jürgen Höller erlebt man ihn auf der Bühne als einen, der die wahren Sorgen der Menschen anspricht. Tränen fließen, wenn er einzelne Leute aus dem Publikum ermahnt, endlich aufzustehen, eine Entscheidung zu treffen und ihr Leben zu ändern. Es ist offensichtlich, sämtliche Männer und Frauen im Saal haben eines gemeinsam: Sie haben den sehnlichen Wunsch, eine entscheidende Wende in ihrem Leben herbeizuführen, aber sie haben bisher NICHTS dafür getan. Zumindest kommt es ihnen so vor. Damit endlich etwas geschieht, versprechen sie, weitere Trainingspakete von Höller zu buchen. Einige Teilnehmer sind nach diesem Event bereit, den Dokumentarfilmern Rede und Antwort zu stehen: Mit welchen Erwartungen sind sie gekommen, was hat ihnen besonders gefallen? Jürgen Höller, so die Befragten, habe einfach Themen angesprochen, die ihnen unter den Nägeln brennen, und nun sind sie bereit, ihr Leben zu ändern, doch das Merkwürdige ist: Keiner von ihnen kann angeben, was genau Höller gesagt hat und was genau sie ab morgen anders machen wollen. Sie wissen nur, es muss etwas Grundsätzliches passieren und zwar bald, denn ihr Leben schreitet voran, und ihre Möglichkeiten verstreichen. Alle ungenutzt. Aber was hat sie denn bisher daran gehindert, so zu leben, wie sie leben wollen?

Man muss, so merkwürdig es klingt, vermuten, dass die Teilnehmer davon ausgehen, aus zwei verschiedenen Personen zu beste-

hen, anders ist ihr Verhalten nicht zu erklären. *Und zwar aus einer Person voller Hoffnung und Sehnsucht und leider noch aus einer anderen, die die erste so dermaßen unterdrückt, dass diese nicht nur daran gehindert wird, zu tun, was sie will, sondern dass sie nicht einmal mehr beschreiben kann, was sie sich eigentlich wünscht. Das Ergebnis ist, dass der unterdrückte Persönlichkeitsanteil sich unfrei fühlt und deswegen deprimiert ist. Wie gerne würde er sich motivieren, wenn er sich nur erinnern könnte wofür. Wie es dem dominierenden Persönlichkeitsanteil geht, ist unklar, er ist jedenfalls bei der Gesamtperson nicht sehr beliebt.*

Stellen Sie sich nun vor, Sie wären ebenfalls auf diesem Event gewesen. Höller wäre auf einmal von der Bühne gegangen, weil ihn eine plötzliche Übelkeit befallen hat oder er anderweitig verhindert wurde. Das Publikum wartet darauf, dass der Motivator zurückkommt, da kommt Ihnen plötzlich die Idee, Sie könnten Jürgen Höller vertreten. Sie springen auf die Bühne, ergreifen das Mikrofon. Welchen Rat würden Sie den Wartenden geben, außer dem, nach Hause zu gehen? Sie müssen keine Trainingspakete verkaufen, keine Aussage machen, bei denen die Menschen ekstatisch von ihren Stühlen aufspringen, Sie können einfach sagen, was Sie denken: Was müssten die Zuhörer Ihrer Meinung nach tun, damit sie sich wieder frei fühlen?

JE WICHTIGER MAN EINE
ENTSCHEIDUNG NIMMT, DESTO
WENIGER KANN MAN SIE TREFFEN

Wir entscheiden, welches Leben wir führen.
Doch woher kommt das Gefühl, nicht richtig
zu leben? Viele sehnen sich nach einem
anderen Lebensgefühl und sind bereit, dafür
auch Verantwortung zu übernehmen. Nur:
Macht Verantwortung wirklich glücklich?

Mit Entscheidungen gestalten wir die Zukunft und in der soll unser Leben besser, sicherer, lustiger, aufregender oder angenehmer werden. Hätten wir dieses Ziel nicht, ergäbe das Entscheiden wenig Sinn. Welchen Rechner soll ich kaufen, will ich heute Abend lieber ein Buch lesen oder doch auf die Party, soll ich das Büro kündigen, mich von meinem Partner trennen oder ihn heiraten, mit der Diät heute oder erst morgen anfangen, und wann soll ich endlich die große Südamerikareise antreten? Da aber niemand in die Zukunft schauen und mit Sicherheit vorhersagen kann, ob eine Entscheidung am Ende zum erhofften Ergebnis führt, ist jede Entscheidung – und sei sie noch so klein – ein Risiko. Man muss ja nicht nur Wahrscheinlichkeiten abschätzen können (wer kann z. B. mit Sicherheit sagen, ob eine Party toll genug wird, dass es sich dafür lohnt, aus dem Haus zu gehen), sondern auch bedenken, dass manche Dinge nicht einfach so von anderen hingenommen werden. Bei nicht wenigen unserer Entscheidungen ist mit heftigen Gegenreaktionen zu rechnen, was die eigene Situation erst einmal nicht – wie eigentlich bezweckt – schöner, sondern unangenehmer macht. Entscheidet man beispielsweise, dieses Weihnachten einmal *nicht* mit zu den Schwiegereltern zu fahren, hat man sicher erst einmal kein schöneres Weihnachten als sonst. Und es könnte sogar sein, dass Weihnachten sehr, sehr unschön wird und wir unsere Entscheidung schnell bereuen.

Morgen soll es besser werden, darauf zielt jede Entscheidung ab.

So zu leben, wie man will, ist aus diesen Gründen gar nicht so einfach. Ich kann zwar viele kleine und große Entscheidungen treffen – aber gerade bei den wichtigsten Themen des Lebens lässt sich nämlich nie klären, ob es gut und klug ist, sich so oder ganz anders zu entscheiden. Für jedes Kind, jede Trennung und jeden Jobwechsel sprechen gewichtige Gründe – und immer auch genauso viele dagegen. Würde man sämtliche Argumente auf einer Pro- und Contra-Liste notieren und sorgfältig durcharbeiten, bräuchte man ein ganzes Leben dafür und wäre am Ende dennoch keinen Schritt weiter. Dass die meisten Entscheidungsprobleme ohnehin zu komplex sind, um sie mit einer Pro- und Contra-Liste zu bewältigen, hat als Erstes der Ökonomie-Nobelpreisträger Herbert Simon festgestellt. Schon bei einem relativ schlichten Projekt wie dem Autokauf würde man sich damit verzetteln, denn wer auf einer Pro- und Contra-Liste alle Merkmale sämtlicher Autos, die jemals gebaut wurden, auflisten würde, bräuchte dafür Jahre.

Ob einen die Kinder oder doch die Weltreise glücklicher machen werden, kann man also nicht mit einer Liste herausfinden, sondern erst, wenn man entweder das eine oder das andere erlebt hat.

Dass kein Mensch ernsthaft behaupten könne, er wisse, welche Auswirkungen seine Entscheidungen haben werden, gibt auch der britische ehemalige Minister für den Austritt aus der Europäischen Union, David Michael Davis zu. Im Rahmen der Brexit-Diskussion erinnert er daran, dass es bisher noch bei jeder historischen Entscheidung so war, dass man richtig- oder falschliegen konnte. Doch trotzdem mussten Entscheidungen, wie etwa die Appeasement-Politik gegenüber Deutschland vor dem Zweiten Weltkrieg, getroffen werden.»Große Veränderungen verlangen«, so David Michael Davis,»dass man nicht davonläuft, nur weil man Angst hat, eine Entscheidung zu treffen.«

Auch der ehemalige Bundeskanzler Willy Brandt litt wie jeder intelligente Mensch darunter, dass wichtige Entscheidungen so schwer zu treffen sind und man niemandem versprechen kann, dass danach alles besser wird. Manchmal zauderte er so sehr, dass er tagelang einfach zu Hause blieb, bis sein Staatssekretär Egon Bahr bei ihm klingelte und ihn bat, wieder ins Kanzleramt zum Regieren zu kommen.

Planen kann man vieles, ob dabei herauskommt, was man wollte, ist die Frage:

1965 schloss der Rechtsanwalt Andre-François Raffray mit der damals neunzigjährigen Jeanne Calment einen Vertrag: Er zahlt ihr eine monatliche Rente von 2500 Francs, dafür fällt ihre Wohnung in Arles nach ihrem Tod an ihn. Raffray war zu dieser Zeit 47 Jahre alt. Er sollte jedoch das Ende dieser Zahlungen nicht erleben, als er 1995 mit 77 Jahren an Krebs starb, musste seine Witwe die Zahlungen noch über zwei Jahre fortsetzen, denn Jeanne Calment wurde fast 123 Jahre alt – und ist damit bis heute der Mensch, der bisher am längsten gelebt hat. (Und das, obwohl sie erst mit 119 Jahren das Rauchen aufgegeben hatte, übrigens nicht aus gesundheitlichen Überlegungen, sondern aus Stolz: Sie war nämlich in diesem Alter nicht mehr in der Lage, sich die Zigaretten selbst anzuzünden, und wollte auf keinen Fall jemanden darum bitten.) Am Schluss hatte Raffray den dreifachen Marktpreis für eine Wohnung bezahlt, in die er nie eingezogen ist.

Kein Wunder, dass so viele Menschen zögern, sich für etwas Neues zu entscheiden, selbst wenn es sie noch so sehr nach Veränderung gelüstet. Und auch die Teilnehmer des Events von Jürgen Höller wollen ja nicht etwas Bestimmtes, sie wollen vor allem, dass sich ihr Leben morgen besser anfühlt als heute. Und auch, wenn sie es selber so nicht sagen würden – aber sie könnten mit Leichtigkeit auf Dinge wie Kinder, Reisen, Auto, Haus, die erste Million und den Waschbrettbauch verzichten, wenn sie ganz sicher wären, dass sie das nicht glücklich macht.

Was aber ist zu tun, wenn man sämtliche zur Verfügung stehenden Alternativen immer wieder durchgeht und sich für keine von ihnen so recht begeistern kann? Einer wichtigen Entscheidung scheint man mit keinem noch so klugen Argument beikommen zu können: Aus dem Bauch heraus oder doch lieber vernünftig entscheiden? Andere Meinungen einholen? Je mehr man unternimmt, desto mehr verstrickt man sich in sein Entscheidungsproblem. Denn jeder Ratschlag macht die Angelegenheit nur noch komplizierter: Nun muss ich nicht nur mein eigentliches Problem lösen, sondern auch noch überlegen, welchen der Ratschläge ich auf meine konkrete Entscheidung anwenden soll.

In welcher Situation sollen wir das Neue wagen, wann lieber das Alte zu schätzen wissen, wann einen Kompromiss eingehen und wann lieber alles fordern? Wann sich zusammenreißen, wann lieber lockerlassen, wann auch mal andere Ansichten gelten lassen und wann lieber nur auf unsere eigene Stimme hören? Und wie sollen wir herausfinden, ob für unseren konkreten Fall gerade die Regel die bessere Alternative ist oder doch die Ausnahme? Ob man Bücher, Statistiken, Experten, Nobelpreisträger, Freunde, Horoskope oder Orakel befragt – damit lassen sich Entscheidungen durchaus aufschieben, doch nichts ändert etwas an der Tatsache, dass eine Entscheidung *getroffen* werden muss. Und zwar von uns selbst. Einfach so. Jetzt.

*Jeder Tipp macht eine Entschei-
dung nur noch schwieriger, als
sie schon ist.*

Der Soziologe Niklas Luhmann stellte scharfsinnig fest, dass eigentlich nur Entscheidungen, die man *nicht* treffen kann, es überhaupt wert sind, Entscheidungen genannt zu werden. Unwichtige Entscheidungen treffen wir meist unbewusst oder im Vorbeigehen (selten zerbricht man sich den Kopf darüber, welche Lebensmittel man einkauft oder welchen Nachhauseweg man nimmt), sie fallen uns daher kaum auf. Und gibt es bei wichtigeren Entscheidungen eine Option, die man – aus welchen Gründen auch immer – für attraktiver hält als andere, dann ist die Sache in dem Moment entschieden. Von selbst und in Sekundenschnelle, wer würde über so einen unproblematischen Vorgang überhaupt sprechen wollen? Erst wenn sich die Vor- und Nachteile sämtlicher uns zur Verfügung stehenden Alternativen genau die Waage halten, bemerken wir überhaupt, dass wir entscheiden müssen.

*Entscheiden wollen und nicht
entscheiden können treten leider
immer gleichzeitig auf.*

Dieses »Entscheidungsparadoxon« sei daran schuld, dass jeder Einzelne heimlich davon überzeugt sei, er habe eine Entscheidungsschwäche, so Luhmann. Dabei sei es keine Marotte oder kein Charakterfehler, sich nicht entscheiden zu können, sondern es liege in der Natur der Sache. Denn: Echte Entscheidungen kann man eigentlich gar nicht entscheiden.

Wären Entscheidungen nicht
willkürlich, könnte man sie
gar nicht treffen.

Willkür ist die Kehrseite des freien Willens. Der freie Wille besteht eben genau darin, dass man etwas machen *kann*, aber nicht *muss*. Und wenn man etwas nicht unbedingt *muss*, hat man logischerweise kein zwingendes Argument, um seine Entscheidung überzeugend zu begründen.

Und egal, wie sicher man sich ist, die bestmögliche Option gefunden zu haben – man kann sich immer darauf verlassen, dass einem die Kinder, die Reisegefährten, Nachbarn und Miteigentümer von Wohnung, Garten, Auto und Boot sowie Geschäfts- und Bündnispartner, Wähler und Parteifreunde garantiert einen Strich durch die Rechnung machen.

Daher gibt es auch keine wirklich sinnvollen Entscheidungstipps (und wird sie auch nie geben). Denn jeder Fall ist anders, und meist geht es um Nuancen. Aus diesem Grund empfiehlt sich bei wirklich wichtigen Entscheidungen am ehesten noch der berühmte Münzwurf. Denn nur die Münze kann uns sagen, welche Option wir doch ein ganz, ganz kleines bisschen bevorzugen. Je nachdem, wie die Münze fällt, sind wir nämlich ein bisschen enttäuscht oder erleichtert – und genau das ist ausreichend, um sich zu entscheiden.

Tipp für schwierige Entscheidungen:

Der Münzwurf funktioniert im Übrigen auch ohne Münze. Kann sich beispielsweise ein Freund nicht entscheiden, fragt man ihn einfach, ob sich für ihn wirklich alle Alternativen gleichwertig anfühlen. Er wird natürlich mit Ja antworten. Daraufhin sagt man ihm, dass es dann ja egal ist, wie er sich entscheidet. Er wird natürlich vehement widersprechen! Man höre nun auf das erste Argument, das er vorbringt, denn das scheint ihm ein Hauch wichtiger zu sein als alle anderen, die noch folgen werden, sonst hätte er es nicht als Erstes genannt.

Die meisten Entscheidungsratgeber widmen sich natürlich in der Regel den unproblematischen Entscheidungen. Verhaltenspsychologen mit dem Schwerpunkt Entscheidungsfindung erforschen vor allen Dingen die Fälle, in denen Probanden bessere und schlechtere Entscheidungen treffen können, um typische Entscheidungsfehler aufzudecken. Und forschen damit am Hauptproblem vorbei! Denn unter diesen Bedingungen Entscheidungen zu treffen ist ganz leicht: Jeder Mensch weiß, was zu tun ist, wenn bessere und schlechtere Optionen zur Auswahl stehen. Und auch wenn die Verhaltenspsychologen noch so sehr feixen – ist nicht eine Entscheidung, die ich für richtig halte, obwohl sie das objektiv *nicht* ist, ebenfalls eine richtige Entscheidung?

> Was haben wir davon, zu wissen, was typische Entscheidungsirrtümer sind, wenn wir gerade nicht entscheiden können, was der nächste Schritt in unserem Leben sein soll?

Wir können also nicht in die Zukunft schauen und können daher niemals mit Sicherheit vorhersagen, wie sich die Dinge nach einer Entscheidung entwickeln. Da man es aber wirklich nicht besser weiß und auch nie besser wissen wird, kann man doch eigentlich nichts falsch machen? Warum zögern wir noch, warum entscheiden wir nicht einfach?

FÜR DAS, WAS MAN WILL, KANN MAN SICH NICHT ENTSCHEIDEN

Viele Menschen, so der amerikanische Neurologe Moran Cerf sind davon überzeugt, sie könnten glücklich werden, wenn sie sich nur immer richtig entscheiden. Sie stellen sich das ungefähr so vor: Schon durch die erste richtige Entscheidung würden neue richtige Möglichkeiten und neue richtige Kontakte entstehen, was es wiederum leichter macht, die nächsten anstehenden Entscheidungen zu fällen, und so geht es immer weiter und weiter, bis man am Schluss ein hochzufriedener Mensch ist. In dieser Vorstellung sind also nicht nur die Umstände ideal, sondern auch wir selbst. Wie selbstverständlich gehen die Menschen davon aus, dass sie überglücklich sein werden, wenn sie das Ziel ihrer Träume erreicht haben.

Sie sollten sich besser kennen.

Auch Job- und Life-Coaches unterstützen mit entsprechenden Angeboten die Vorstellung, dass es prinzipiell möglich ist, sehr viel glücklicher zu sein, als wir es im Moment gerade sind. Wir haben es in der Hand, und es ist ein lohnendes Ziel: Unser Lebenstraum! Ein gelungenes Leben erkennt man daran, dass es sich richtig gut anfühlt, einfach superstimmig ist, und zwar in jeder Beziehung. Es gibt sogar Life-Coaches, die mit dem Hinweis für ihre Dienste werben, dass selbst ein relativ ausgeglichenes Lebensgefühl noch lange keinen Jubelschrei wert sei. Mit diesen und ähnlichen Formulierungen wollen sie künftige Klienten überzeugen, dass ihr Leben, so wie es ist, absolut nicht akzeptabel ist. Wer nicht jubelt, für den ist es höchste Zeit, lebensverändernde Entscheidungen zu treffen – bei denen die Life-Coaches natürlich gerne behilflich sind.

Jubelst du schon? Wenn nicht,
solltest du dein Leben ändern!

Eine Entscheidung muss her, mit der man irgendwie mit dem alten Leben abschließen und ein neues beginnen kann. Je früher, desto besser. Aber je mehr uns die anderen in unser Leben reinreden – und genau das ist heute der

Fall –, desto inkompetenter fühlen wir uns, wichtige Entscheidungen in unserem Sinne zu treffen. Die Ratgeberliteratur, so der Psychiater Manfred Lütz, habe eine Schneise der Verwüstung in der Psyche der Gesellschaft hinterlassen: »Jeder, ausnahmslos jeder Tipp, wie man glücklich wird, macht unglücklich, weil man nicht der *[glückliche]* Autor ist!« Lese man zu viele davon, habe man am Ende das Gefühl, alle, aber wirklich alle, wären in puncto Lebensführung kompetenter als man selbst.

Sich mit den richtigen Entscheidungen ein glückliches Leben zusammenstellen zu können, ist eine schöne Idee. Schließlich wäre es eine scheußliche Vorstellung, gar keinen Einfluss auf sein Schicksal zu haben. Doch zu viel Einfluss wäre wiederum kontraproduktiv: Wer nämlich das Gefühl hat, dass bei jeder Entscheidung sein Lebensglück auf dem Spiel steht, macht sich de facto entscheidungsunfähig. Man kennt diese Situation nur zu gut, und zwar aus der Teenagerzeit, die unter anderem deswegen so schrecklich war, weil man quasi stündlich lebenswichtige Entscheidungen zu treffen hatte. Passten eher naturwissenschaftliche Fächer oder Sprachen zu einem? Oder doch lieber Sport oder Musik? Sollte man ins Ausland gehen oder in die Firma seines Vaters einsteigen? Dauernd war man kurz davor, die falsche Abzweigung zu nehmen und damit sein Leben zu ruinieren. Oder hatte man es sogar schon ruiniert – weil man im falschen Moment nicht gelächelt und sich so von der Liebe seines Lebens abgeschnitten hat? Oder weil man am Telefon zu energisch war und so das Traumpraktikum nicht bekommen hat, was natürlich bedeutete, dass nun auch die Chance auf den Traumberuf und das Traumleben verpfuscht war? Freiheit fühlt sich irgendwie anders an.

Massenmörder oder Klavier-
virtuose - als Teenager hatten
wir es noch in der Hand.

»Mit jeder Entscheidung können wir unser Leben in bessere Bahnen lenken« – bevor man sich mit solchen Behauptungen Mut machen lässt, sollte man sich klarmachen, dass man sein Leben durch die »falsche« Entscheidung auch verschlechtern kann. Denn schließlich unterliegt jede Entscheidung der metaphysischen Bedingung, dass die Folgen einer Entscheidung nicht, beziehungsweise nur eingeschränkt, vorhersehbar sind. Diese metaphysische Bedingung kann natürlich auch nicht dadurch überwunden werden, indem man sich immer wieder vorsagt, wie wichtig die anstehende Entscheidung doch ist. Wenn man sich dann endlich durchringt, diese wichtige Entscheidung zu treffen, ist die Erleichterung sowieso nur von kurzer Dauer. Bald schon steht die nächste Entscheidung auf dem Plan, und auch die ist nicht weniger existenziell. Hat man sich einmal in diese paradoxe Situation hineinmanövriert, kann einen nicht einmal Jürgen Höller daraus befreien.

Die Suche nach dem richtigen Weg ist endlos, weil man ja immer auch den anderen Weg hätte nehmen können (der wahrscheinlich der bessere gewesen wäre). Das eigene Glück in den Händen zu halten ist einfach zu viel Verantwortung; kein Wunder, dass manche sie wieder loswerden möchten. Dass man diese Verantwortung nicht an einen anderen Menschen, also an einen Partner, an die Eltern oder an einen Guru delegieren soll, hat sich inzwischen herumgesprochen. Aber an sich selbst delegieren will man sie auch nicht. Man ist schließlich auch nur ein Mensch.

Der amerikanische Dichter Robert Frost hat einen möglichen Ausweg aus einem Entscheidungsdilemma in seinem Gedicht *The Road Not Taken* in Worte gefasst. Es entstand 1915 als Parodie auf die Entscheidungsschwierigkeiten seines Freundes, dem Poeten Edward Thomas. Mit dem Bild des Spaziergängers, der an eine Weggabelung kommt und sich nicht entscheiden kann, welchen Pfad er nimmt, wollte Frost seinem Freund Folgendes mitteilen: Er hatte beobachtet, dass man viele Entscheidungen aus einem Impuls heraus trifft und sie erst im Nachhinein logisch begründet. Der Witz des Gedichtes liegt also darin, dass es eigentlich egal ist, welchen Weg der Spaziergänger wählt. Denn er wird früher oder später schon einen Sinn in seine Wahl hineinlegen. Berühmt wurde *The Road Not Taken* mehr als vier Jahrzehnte später in den Sechzigerjahren während der Hippiebewegung, als jeder auf der Suche nach sich selbst und nach dem Sinn des Lebens war. Plötzlich meinte man, aus Robert Frosts Beobachtung eine Empfehlung herauszulesen, und zwar die, sein Glück besser »jenseits der ausgetretenen Pfade« zu suchen. Genau in diesem Sinne wird es auch in dem Film *Der Club der toten Dichter* (1989) von dem Internatslehrer Mr. Keating zitiert. Der charismatische und »unkonventionelle« Lehrer, gespielt von Robin Williams, empfiehlt also seinen Schülern, den »anderen Weg« zu gehen, denn das wäre der Weg, der sie glücklich machen würde. Welch ein Missverständnis!

Heute ist diese Empfehlung absurder denn je, da inzwischen jeder diese wenig ausgetretenen Pfade gehen will. Der »andere Weg« ist schon längst zur alles dominierenden Norm geworden (eine Norm übrigens, die mit vielen Anforderungen des täglichen Lebens kollidiert). Aber das hat die Rezipienten seitdem nicht daran gehindert, Robert Frosts

Gedicht als eine Feier des Nonkonformisten zu verstehen, der stets das Richtige macht, weil er tut, was kein anderer tut.

Wie lange müssen Menschen nach dem richtigen Weg suchen, bevor sie erkennen, dass es genau diese Suche ist, die sie überhaupt erst so unglücklich macht! Mark Manson, der Autor des Bestsellers *Die subtile Kunst des darauf Scheißens* hat es richtig erkannt und wunderbar beschrieben, was passiert, wenn man sich andere Gefühle wünscht, als die, die man gerade hat. »Feedback of Hell« nennt er das Phänomen, dass der Versuch, etwas an seinen Gefühlen zu ändern, stets nach hinten losgeht. Wer glücklich sein will, wird sich immer automatisch fragen, warum er es noch nicht ist, und die Schuld bei sich suchen. Und natürlich auch finden. Dabei gibt es in jedem Leben Umstände und Vorkommnisse, die nicht gerade darauf ausgelegt sind, einen froh und glücklich zu machen. Und nicht alle Umstände lassen sich unbedingt ändern, selbst durch die radikalste Entscheidung nicht. Glück lässt sich nur bedingt durch eine Entscheidung herbeiführen, Glück ist wie das Entscheiden eine paradoxe Angelegenheit. Glück ist zum Beispiel auch, nicht auf sein Glück angewiesen zu sein.

WER GLÜCKLICH SEIN WILL, HAT IMMER FALSCH ENTSCHIEDEN

Eine souveräne Entscheidung kann man eigentlich nur treffen, wenn man dabei so tut, als käme es nicht darauf an. Schließlich sollte man als souveräner Mensch auch mit einer Fehlentscheidung gut weiterleben können. Ist es nicht eigentlich Ehrensache, dass man auch Situationen, in denen man nicht vor Glück jubelt, gelassen meistert? Und nicht etwa seine Kinder quält, weil man plötzlich feststellen muss, dass Kinder doch nicht das Richtige für einen waren? Reisen, Jobs, Freunde und Sportarten können falsch gewählt sein, das macht einen souveränen Menschen vielleicht nicht glücklich. Aber auch nicht zwingend unglücklich.

Der Football-Profi Nick Foles führte Anfang des Jahres 2018 die Philadelphia Eagles zum Super-Bowl-Gewinn und wandelte sich damit vom Außenseiter zu einem der begehrtesten Spieler der nächsten Saison. Das war erstaunlich, denn er war drauf und dran gewesen, seine Karriere zu beenden und Schulpfarrer zu werden. In einem Interview noch vor dem Spiel sagte er, dass er sich jetzt zwar freue, dabei zu sein, dass er aber als Geistlicher genauso glücklich geworden wäre. Eine kluge Einsicht, denn wer sein Glück von den Ergebnissen seiner Entscheidungen abhängig macht, wird bis ans Ende seines Lebens von Selbstvorwürfen gepeinigt werden.

Die Illusion, dass das Leben wesentlich schöner wäre, wenn man nur »richtig« entscheidet, ist also teuer bezahlt. Das Problem ist nämlich, dass man dadurch die Situation, in der man eine bedauernswerte »Fehlentscheidung« getroffen hat, fatal überhöht. Man macht sie wichtiger, als sie jemals war, bis sie in der eigenen Fantasie vielleicht sogar zu DER Schlüsselszene im Leben geworden ist. Nachträglich werde sie, so Robert Pfaller in *Die Illusionen der anderen*, zur Lösung von allem gemacht: »Alles wäre anders, hätte man damals so handeln können. (…) Man darf sich gar nicht vorstellen müssen, dass auch nach der Erledigung der Szene noch ungelöste Probleme auf einen warten.«

Wer glaubt, er könne sein Leben durch eine einzige Entscheidung ruinieren, wird dies auch tun:

Ein Deutsch- und Englischlehrer aus Köln heiratet eine Kollegin, er ist Anfang dreißig, sie Ende zwanzig. Sie bekommen zwei Kinder, bauen ein Haus. Zwei Monate, nachdem sie von der engen Mietwohnung in das neue Haus gezogen sind, passiert es: Der Mann verliebt sich in die neue Biologielehrerin. Er schläft mit ihr, die Affäre kommt heraus, seine Frau trennt sich von ihm und bittet ihn auszuziehen. Er zieht in eine winzige 1,5-Zimmer-Wohnung, zusätzlich zur Miete muss er noch das Haus abbezahlen, in dem er nicht mehr wohnt. Gleichzeitig muss er feststellen, dass ihn mit der Biologielehrerin eigentlich nichts verbindet außer Sex, schon nach wenigen Wochen ist die Affäre beendet. Nun, so sagt er seinem Psychotherapeuten, habe er das Gefühl, sich mit der Entscheidung, mit der neuen Kollegin ins Bett zu gehen, das ganze Leben versaut zu haben. Doch die *entscheidende* Frage ist, ob er die gleiche Entscheidung bereuen würde, wenn sich herausgestellt hätte, dass die Biologielehrerin die Liebe seines Lebens ist. Mit anderen Worten, er

muss sich fragen, ob es zulässig ist, sich
vom Leben ungerecht behandelt zu fühlen,
wenn es durch seine Entscheidung immerhin
die Chance gab, dass er am Ende glücklicher ist als vorher.

Ein Lebenskünstler lässt sich nicht davon ins Bockshorn
jagen, was bei seinen Entscheidungen herauskommt. Wer
das nicht glaubt, sollte sich die Tipps des Pokerexperten Jan
Heitmann anhören. Die besten Pokerspieler – und beim
Pokern geht es nun wirklich ums Ergebnis, also den Ge-
winn –, so Jan Heitmann, beurteilen ihr Spiel nicht nach
den Resultaten, sondern danach, ob sie jeweils die beste
Entscheidung getroffen haben, die nach dem Kenntnis-
stand zum Entscheidungszeitpunkt möglich war. Alles
andere ergäbe keinen Sinn, denn schließlich entwickelt
jedes Spiel seine eigene Dynamik. Das lässt sich seiner Meinung nach 1:1 auf das Leben übertragen. Denn wir müssen
immer mit den Auswirkungen unserer Entscheidungen
leben, die wir zu einem Zeitpunkt getroffen haben, als wir
es nicht besser wussten. Das ist auch nicht ungerecht, denn
es geht ja jedem so.

Es zählt also die Güte der Entscheidung, nicht das Ergebnis: Wer zum Beispiel eine Auszeit nimmt, um ein Buch zu
schreiben, wird die Beurteilung seiner Entscheidung nicht
davon abhängig machen, ob dieses Buch später einmal ein
Bestseller wird. Entweder hatte man das Bedürfnis, herauszufinden, ob es einem Spaß macht, ein Buch zu schreiben – oder man hatte es nicht. Es wäre ein armseliges

Leben, wenn man sich selbst und sein Glück immer nur vom Ergebnis seiner Entscheidungen abhängig macht. Sich bestimmte Ergebnisse oder Erlebnisse zu wünschen, macht einen zum Spielball der Ereignisse – zumal man damit das Entscheidende verpasst: Nämlich das, was gerade passiert – ob wir uns das nun gewünscht haben oder nicht. Auch der Philosoph Peter Sloterdijk weist in einem Fernsehinterview das Ansinnen brüsk zurück, sich auszumalen, was alles noch in seinem Leben Schönes passieren solle: »Ich wünsche keine Erlebnisse, denn dann verpasse ich doch die Verabredung mit dem Realen.«

Leben ist herausfinden.

Hinterher wissen wir immer besser, wie wir es eigentlich hätten machen sollen; der einzige Trost ist, dass von dieser Tatsache niemand verschont bleibt. Bekannt ist das Bild des amerikanischen Philosophen und Mythologen Joseph Campbell, mit dem er die Absurdität des menschlichen Lebensweges beschreibt: »Während unserer ersten fünfunddreißig oder vierzig Lebensjahre haben wir uns bemüht, eine lange Treppe hinaufzusteigen, um den obersten Stock eines Gebäudes zu erreichen. Sind wir dann endlich unterm Dach, stellen wir fest, dass wir uns im Gebäude geirrt haben.«

Die entscheidende Frage lautet also, was wir da oben auf dem Dachboden des falschen Gebäudes machen sollen. Uns grämen, die Haare raufen, uns bemitleiden? Oder lieber Freunde einladen und eine Party feiern?

Entscheidend ist nicht, was wir entscheiden, sondern wie cool wir bleiben, egal was passiert.

Ob sich mein Leben selbstbestimmt anfühlt, hängt gar nicht so sehr davon ab, WAS ich tue, sondern vielmehr davon, WIE ich das bewerte, was passiert. Und vor allen Dingen davon, wie ich das bewerte, was andere haben und erleben.

3
MEIN GUTES RECHT AUF GLÜCK

Warum das, was andere haben, immer schöner ist

»Und das Auge des Neides, das alles verzerrt und schief erkennt, findet auch in seinen eignen Erfolgen überall die Zeichen dieser innern Unzufriedenheit wieder.«

Friedrich Nietzsche

Seitdem Ihre Bekannte Simone sich dieses Buch gekauft hat, geht sie Ihnen ganz schön auf die Nerven. Alles führt sie auf die von ihr neu erlernten Wunschtechniken zurück, ihren neuen Lover und die neue Lieblingshandtasche und die plötzliche Genesung der kleinen Mandy. Und dazu ihr glückliches, selbstzufriedenes Lächeln, es ist unerträglich!

Und plötzlich ist da diese Anzeige in der Wochenendausgabe Ihrer Zeitung, und weil der Magier gleich auf Ihre Mail antwortet und seine Adresse in der Nähe Ihrer bevorzugten Spazierroute liegt, machen Sie einen Termin aus. Nur ein Scharlatan kann natürlich behaupten, dass er einen darin unterrichten könne, seine Wünsche so ans Universum zu richten, dass es das Universum auch versteht. Aber vielleicht ist der Mann einfach ein besonders geschickter Therapeut, der auf diese Weise seine Klienten überzeugt, sich mehr zuzutrauen und ein bisschen zuversichtlicher in die Welt zu blicken. Und das kann, wie man am Beispiel von Simone sieht, nicht schaden.

Als Sie auf dem Klingelschild der angegebenen Adresse nach seinem Namen suchen, fällt Ihnen ein, dass Sie gar kein Honorar ausgemacht haben. Was immer auch passiert, ermahnen Sie sich, auf keinen Fall lassen Sie sich von diesem Kerl ausnehmen. Der Magier, ein dünner, ältlicher und irgendwie farbloser Mann, begrüßt Sie höflich und führt Sie in ein kleines Wohnzimmer. Dort sieht es aus wie im Wartezimmer eines Arztes: beigefar-

bener Teppichboden, niedriger Couchtisch mit Glasplatte, zwei schwarze Kunstledersessel.

Am besten sagen Sie es gleich: »Bevor wir anfangen: Mehr als 50 Euro habe ich nicht dabei.«

Der Mann macht eine beschwichtigende Geste: »Nein, nein, um Gottes Willen, kostet nichts für Sie!«

»Nichts?«

»Setzen Sie sich doch.«

Sie setzen sich, lassen jedoch Ihren Mantel an. Wenn das hier zu seltsam wird, möchten Sie keine wertvolle Zeit damit verlieren, Ihre Siebensachen zusammenzusuchen.

»Wissen Sie, Sie haben sich gewünscht, dass das Universum Ihre Wünsche erfüllt ...«

»Na ja«, *wehren Sie ab.*

»Jedenfalls habe ich deswegen die Anzeige aufgegeben, auf die Sie sich gemeldet haben. Übrigens nur Sie«, *fügt der Mann hinzu.* »Und jetzt sind Sie hier, verstehen Sie?«

Sie verstehen gar nichts und starren den Mann bloß an.

»Wenn Sie meine Wohnung wieder verlassen«, *fährt er fort* »müssen Sie sich darauf gefasst machen, dass alles, was Sie sich wünschen, in Erfüllung geht. Natürlich nur gute Wünsche; Flüche oder etwas, das Ihnen oder anderen schaden könnte, hört das Universum nicht.«

Sie sagen immer noch nichts, überlegen, ob der Mann vor Ihnen verrückt ist. Ganz bestimmt ist er verrückt, obwohl er nicht gefährlich zu sein scheint. Der Mann tritt ganz nah an Sie heran, legt seine Hand auf Ihren Arm: »Überlegen Sie genau, ob Sie das wollen. Jetzt haben Sie die Gelegenheit, diesen Wunsch zurückzunehmen, dann bleibt alles beim Alten. Nehmen Sie sich ein paar Minuten Zeit, ich werde dann Ihre Entscheidung an das Universum weiterleiten.«

Sie denken nach, die Situation ist absurd. Das, was der Mann verspricht, ist unmöglich. Andererseits sind Sie hergekommen, und das kann nur bedeuten, dass etwas tief in Ihnen daran glaubt, es könne etwas dran sein an den Wünschen und dem Universum.

Das wäre so wunderbar, so fantastisch, einfach aufregend, wenn man sich den einen oder anderen Wunsch erfüllen lassen könnte. Das Strandhaus auf Sylt, eine Nacht mit dieser süßen Bedienung im Museumscafé, eine Gastprofessur an Ihrer ehemaligen Universität, Vortragsreisen, handgeschriebene Briefe von Fans, ein Händeschütteln von einem Mitglied des Club of Rome.

»Ich würde schon gerne ...«, beginnen Sie. Der Mann nickt, nichts anderes scheint er erwartet zu haben. »Es gibt nur eine Bedingung«, erklärt er, »Sie müssen mir hier auf diesen Zettel alle Namen aus Ihrem Adressbuch notieren, ebenso die Namen Ihrer Facebook- und Instagram-Freunde. Damit ich für sie das Gleiche tun kann. Vorher tritt das Universum nicht in Aktion. Bitte niemanden auslassen, das Universum liebt es gar nicht, wenn man in diesem Punkt ungenau ist.«

Stellen Sie sich vor, Sie wären diese Person. Würden Sie sich die Wunscherfüllung jetzt noch wünschen?

DENN WIR SUCHEN NICHT DAS GLÜCK, SONDERN DIE GERECHTIGKEIT

Nichts verwirrt einen so sehr wie die Einsicht, dass andere mit etwas glücklich sind, was man selber gar nicht will.

Hatte man früher andere um den Sportwagen in der Garage oder um ihr Haus mit Swimmingpool und Garten beneidet, wird heute der Erfolg nicht mehr unbedingt an Geld und Status bemessen, sondern daran, wie sehr jemand sein Leben gestaltet und genießt. Mit unserer Entscheidung, was wir aus unserem Leben machen wollen, können wir zeigen, wer wir wirklich sind. Danach werden wir beurteilt, danach beurteilen wir uns selbst. Die Erfolgsgeschichten sind also individueller geworden, Menschen, die dem simplen Erfolg nachjagen oder immer noch an die totale Selbstoptimierung glauben, werden eher bemitleidet als bewundert.

Anerkennung bekommen dagegen diejenigen, die bestimmte Normen und vorgezeichnete Karrierewege für sich verwerfen. Der Glaube an sich selbst ist das neue Statussymbol. Dieses Statussymbol ist natürlich ein sehr merkwürdiges, denn es kann JEDE Form annehmen. Der Inhaber kann seinen Besitz auch nicht mit harten Fakten beweisen, wie etwa mit seinem Kontostand oder Fotos von Haus, Auto und Boot. Wir haben nur sein Wort, dass er genau das für sich gefunden hat, was ihn erfüllt und glücklich macht.

Ein neuer Klassenkampf ist in die Welt gekommen, so wie es Reiche und Arme gibt, gibt es nun auch »An-sich-Glauber« und »An-sich-Zweifler«. Die »An-sich-Glauber« sind fein raus, denn sie sind immun gegen die vielen Vorbilder um sie herum. Sie können sich auf ihr eigenes Leben konzentrieren, während wir, die Zweifler, dazu verdammt sind, jeden Lebensentwurf, von dem wir erfahren, dahingehend zu überprüfen, ob dieser auch etwas für uns sein könnte. Und zwar auch oder gerade die Lebensentwürfe, die wir schon längst für uns verworfen haben: Sollen wir gegen das Delfinsterben, den Plastikmüll oder den Kapitalismus kämpfen oder uns im Yoga-Retreat in Indien doch lieber auf uns selbst besinnen oder wertvolle Erfahrungen auf einer einsamen Almhütte sammeln? Allein die Tatsache, dass andere mit den von uns ausgeschlagenen Optionen glücklich geworden sind, weckt den Verdacht, dass wir deren innewohnendes Glückspotenzial übersehen haben.

Der Neid auf den Glauben an sich selbst ist viel quälender als der auf gesellschaftliche Positionen und Besitz; aus diesem gab es immerhin Auswege. Wer zum Beispiel von den Süchten und Rosenkriegen der Reichen und Privilegierten erfährt, kann sich an der Einsicht erfreuen, dass Geld zwar glücklich machen kann, aber nicht muss.

Sich mit anderen zu vergleichen ist ein psychologischer Automatismus, der sich schwer abstellen lässt. Wir tun es, obwohl wir natürlich wissen, dass sich das Wesentliche an einem Menschen sowieso jeder Bewertung entzieht.

Vergleiche, so die Professorin für Sozialpsychologie an der Universität Graz, Katja Corcoran, sind ein grundlegender Mechanismus, um Dinge einzuordnen und einzuschätzen: »Während mein Gegenüber also von den persönlichen Zielen und Erfolgen erzählt, rattert mein Gehirn im Hintergrund automatisch mit und stellt einen Vergleich an – ob ich will oder nicht.«

Der Versuch, das ewige Vergleichen abzustellen, ist ebenso zum Scheitern verurteilt, wie der, nie wieder zu blinzeln. Vielmehr sollte man an der Fähigkeit der Selbsttröstung arbeiten, falls man bei einem dieser Vergleiche mal nicht so gut abgeschnitten hat. Wer ein kluger Selbsttröster ist, findet schnell andere Vergleichsmöglichkeiten.

Als es noch um Status und Geld ging, war das auch noch ohne größere Verrenkungen möglich. Da ließ sich die Selbstachtung mit nachvollziehbaren Argumenten einigermaßen wiederherstellen. War zum Beispiel der gesellschaftliche Aufstieg misslungen oder von Anfang an zu aussichtslos erschienen, konnte man auf die Gesellschaft verweisen und mehr Chancengerechtigkeit fordern. Oder noch souveräner: Man konnte beschließen, dass man weder Geld noch Status brauchte, um ein gutes Leben zu führen. Damit hatte man die nicht unattraktive Chance, aus der eigenen Bescheidenheit ein Vorbild zu machen. Aber wie pfeift man darauf, das zu tun, was man wirklich will? Bei der Selbstverwirklichung ist kein heroischer Verzicht möglich.

Rätselhaft ist dem Neidischen (der man leider ab und zu mal ist), dass ausgerechnet er zu den Leuten gehören soll, die nichts finden, was »sich einfach richtig« anfühlt, und die deswegen zu einem Leben im Mittelmaß verdammt sind. Steht im nächsten Entscheidungs- oder Glücksratgeber gar der Tipp, man solle nicht warten, bis man sozusagen den Sinn des Lebens gefunden hat, sondern sich einfach für IRGENDETWAS entscheiden, denn etwas wird schon daraus entstehen, erscheint es ihm nicht minder absurd: Denn auch für IRGENDETWAS muss man sich ja entscheiden, und auch dafür muss man seine Gründe haben und kennen. Um herauszufinden, ob ein bestimmtes IRGENDETWAS das Richtige ist, müsste man es ausprobieren, aber man hat schon viel zu viel Zeit damit verloren, unzählige Möglichkeiten auf die Frage hin abzuklopfen, ob sie einen glücklich machen, da kann man sich eine Fehlentscheidung auf keinen Fall mehr leisten.

Manchmal ist der Neidische so verzweifelt mit seiner unbestimmten Situation, dass er durchaus bereit wäre, sie gegen ein eindeutiges Unglück einzutauschen – denn wer kreuzunglücklich ist, sieht wenigstens klar. Was auch immer der Unglückliche über sich berichtet, es ist und bleibt für den Neidischen eine glücklichere Variante seines eigenen Dilemmas. Denn ein Unglücklicher weiß genau, was ihn theoretisch glücklich machen würde. Und wüsste der Neidische, was er will, hätte er auch keine Bedenken, sich dazu zu bekennen.

ICH WILL NUR HABEN, WAS MIR ZUSTEHT

Jeder Mensch strebt nach Glück. Dies erscheint uns so selbstverständlich, dass niemand auf die Idee kommen würde, es könnte sich anders verhalten. Natürlich ist zu vermuten, dass man das Glück nicht findet, wenn man ihm allzu sehr hinterherjagt, oder dass es eher in den kleinen als in den großen Dingen liegt. Doch wahrscheinlich würden nicht wenige empört gegen den Einwand protestieren, sie fänden ihr Glück deshalb nicht, weil sie gar nicht danach suchten. Auch oder gerade der Neidische in uns ist davon überzeugt, er suche nichts weiter als sein Glück. Er ahnt nicht im Mindesten, dass er sich mit seiner ganzen Seele einem viel höheren Ziel verschrieben hat: Der Neidische in uns will kein Glück, er will Gerechtigkeit!

Tief in sich drin weiß nämlich jeder, dass uns der Neid einflüstert: *Du wirst um etwas Wesentliches betrogen!* Was der Neid aber nicht sagt, ist, von wem und um was. Wir haben doch alle Möglichkeiten, wir müssen doch nur etwas daraus machen! Und da uns niemand daran hindert, das zu tun, was wir möchten, liegt es nahe, dass hier Betrogener und Betrüger ein und dieselbe Person sind, der gefühlte Mangel also selbst verschuldet ist. Das würde doch aber bedeuten, dass man diese Situation jederzeit durch die richtige Entscheidung beenden könnte? Andere haben es doch auch geschafft, und die waren nicht unbedingt klüger, schöner oder jünger als man selbst.

Wer betrügt also wen und kann man seinen Neid einfach so abstellen? Die deutsch-amerikanische Psychoanalytikerin Karen Horney zählt den Neid zu den Symptomen einer Neurose und sprach bereits in den Vierzigerjahren des letzten Jahrhunderts von einem »neidischen Zeitalter«. Ihre These ist, dass in den westlichen Gesellschaften nicht wenige mit der Angst kämpfen, in einem allumfassenden Wettbewerb zu kurz zu kommen. Und bei diesem Wettbewerb geht es nicht nur um finanzielle Sicherheit, sondern auch um Liebe, Freude, Gesellschaft und Lebenssinn.

Das wirklich Schlimme an diesem Wettbewerb ist, dass er nicht nur wahnsinnig anstrengend ist, sondern die Individuen vor widersprüchliche Anforderungen stellt: Einerseits sollen sie sich gegen ihre Konkurrenten behaupten, andererseits fürchten sie sich vor der Feindseligkeit der anderen, wenn sie dabei nicht rücksichtsvoll genug vorgehen. Und weil sich der Wettstreit nicht nur im Beruf zeigt, sondern auch in Liebesbeziehungen und Freundschaften, und sich sogar bis in die Freizeit und in die Hobbys ausgedehnt hat, stecken besonders empfindsame Menschen in einem neurotischen Dauerdilemma. Ein Mensch mag sich eben nicht immer nur präsentieren und durchsetzen müssen, er will vor allen Dingen auch dann geliebt und anerkannt werden, wenn er gerade mal nicht total an sich glaubt.

Mit dem neurotisch-neidischen Blick auf die Lebensentwürfe anderer überprüft man natürlich sein aktuelles Ranking, man braucht Beweise, dass nicht alle Mitbewerber unbedingt mehr Glück aus ihrem Leben herausholen als man selber. Nicht weil man so unbedingt glücklich sein will, sondern weil man glaubt, dass man es sein muss! Doch merkwürdigerweise überzeugt einen dieses Vergleichen vom Gegenteil, denn wo man auch hinschaut, entdeckt man Menschen, die glücklicher und zufriedener sind als man selbst.

Die Paradoxie des neidischen Zeitalters: Ich bin besser als du - denn ich vergleiche mich nicht mehr mit anderen.

Aus dieser Misere gibt es theoretisch nur einen akzeptablen Ausweg: Man muss die Möglichkeiten zerstören, am besten gleich für alle, dann steht keiner besser da als der andere, und die Angelegenheit wäre vom Tisch. Ein Krieg muss her, nein, das wäre zu arg, vielleicht reicht auch ein Orkan oder eine Überschwemmung. Ein neidisches Herz triumphiert, wenn es sieht, dass der Sturm von letzter Nacht das schöne neue Auto des Nachbarn unter einem Baum begraben hat, selbst wenn unter dem gleichen Baum das eigene liegt. Das ist eben der Preis dafür, dass die Gerechtigkeit wiederhergestellt ist.

Gerechtigkeit ist – das kann jeder an sich selbst überprüfen – für einen Menschen unendlich viel wichtiger als jede Selbstverwirklichung. Im Zweifelsfall könnten die meisten nämlich auf alles verzichten, auf den gut bezahlten Job, die jahrelange Weltreise und die innige Beziehung, Hauptsache, es ist sichergestellt, dass andere diese Dinge auch nicht haben.

Aber wäre es nicht auch für die anderen am schönsten, wenn es gerecht zugeht, auf welchem Niveau auch immer? Entweder machen alle ihre Berufung zum Beruf und haben einen Partner, der sie wahnsinnig inspiriert – oder keiner. Entweder reist jeder um die Welt, badet im eigenen Swimmingpool und hat Sex mit hochinteressanten Menschen, wann immer er will – oder niemand! Entweder sind alle zufrieden mit sich selbst – oder alle todunglücklich, aber dann wenigstens gemeinsam! Wenn es nämlich anderen nicht besser ergeht als einem selbst, dann kann man wieder zueinanderfinden und gemeinsam von einer besseren Zukunft träumen. Und genau das könnte einen, auf eine stille Art, glücklich machen.

DAS VERBORGENE GEHEIMNIS DER INHALTSLEEREN SPRÜCHE

Neid ist eine moderne Neurose. Neurotisch-neidisch zu sein bedeutet, dass man zwar nicht verrückt ist, aber auch keine Kontrolle darüber hat, ob man nun neidisch ist oder nicht. Doch wie entsteht diese fehlende Kontrolle? Eine Neurose, so die ursprüngliche Definition von Sigmund Freud, ist der Versuch, sich das, was man haben will, auf indirekte Weise zu verschaffen, wenn der direkte Weg versperrt ist. Zu seiner Zeit betraf das neurotische Verhalten vor allen Dingen sexuelle Wünsche, die so tabuisiert waren, dass man sie sich nur über Umwege erfüllen konnte. Das bekannteste Beispiel des neurotischen Lustgewinns ist der Waschzwang eines sexuell-gehemmten Menschen: Anfang des 19. Jahrhunderts war Selbstbefriedigung so verpönt, dass viele Menschen nur mit schlechtem Gewissen masturbierten. Aber ein schlechtes Gewissen ist noch lange nicht neurotisch, denn immerhin hört ein heimlich Masturbierender lieber auf seine Bedürfnisse, als sich dem herrschenden Moralkodex zu beugen. Auf manche wirkte das gesellschaftliche Tabu allerdings so stark, dass sie ihr Bedürfnis ganz unterdrückten. Das brach sich dann auf andere Weise Bahn: So gab es Männer und Frauen, die den Zwang verspürten, sich ständig im Intimbereich zu waschen. Auf diesem Umweg konnten sie sich dort berühren, wo sie es sich selbst verboten hatten. Die Strafe folgte auf dem Fuß: Bald war die Haut so verletzt, dass sie statt Lust nur noch Schmerzen spürten. Das Verrückte war nun: Obwohl den Patienten in der Regel vollkommen klar war, dass ihr Verhalten übertrieben war und sie sich natürlich auch dafür schämten, konnten sie nicht davon lassen: Weil, so Sigmund Freund, sie nämlich nicht mehr wussten, was dahintersteckte und was sie davon hatten.

Neurotische Wunscherfüllung ist sozusagen Lustgewinn ohne schlechtes Gewissen. Irgendetwas »in mir« zwingt mich, das zu tun, was ich tue und so trage ich eigentlich keine Verantwortung mehr dafür.

Es ist eine Sache, ungewollte Eigenschaften und Gefühle vor anderen zu verbergen, um sich ihnen angenehm zu machen, und eine andere, sie erst gar nicht zu haben.

Ein gesellschaftliches Tabu ist heute, sich von jemandem abhängig zu fühlen. Weil die Menschen in den modernen Gesellschaften mit einem einigermaßen funktionierenden Sozialstaat scheinbar immer weniger aufeinander angewiesen sind, muss man seinen Mitmenschen schon einen guten Grund geben, sich mit einem abzugeben. Dieses Phänomen ist relativ neu. Noch vor hundert Jahren (wenn man das Glück hatte, in eine bürgerliche Familie hineingeboren zu werden) hing die eigene Versorgung und die der Kinder, der Kontakt zur Familie und zu Freunden und das Recht, in der eigenen Wohnung oder dem eigenen Haus wohnen zu bleiben, mitnichten an dem Umstand, ob man noch von seinem Ehepartner geliebt wurde. Aber genau das tut es heute, und was das bedeutet, wird jedem Menschen bewusst, der eine Trennung hinter sich hat. Da wird eine Frau von ihrem Mann nicht mehr geliebt und muss mit den Kindern aus der Wohnung ausziehen. Nun kann sie zusehen, wie sie die Kinder, meist ohne Betreuungshilfe, alleine durchbringt. Ein Mann hat, wenn er die Liebe seiner Frau oder seines Mannes verliert, keinen Umgang mehr mit dem alten Freundeskreis, vielleicht geht es ihm sogar so schlecht, dass er einen Therapeuten aufsuchen muss, der ihm sagt, dass er trotz allem liebenswert ist. Doch liebenswert oder nicht – was hat man davon, wenn man alleine oder mit einer doofen Reisegruppe in den Urlaub fahren muss. Singles, wie sie so schön heißen, verbringen nicht selten alle Feiertage allein oder fühlen sich bei anderen Kleinfamilien wie das fünfte Rad am Wagen. Die Vorstellung, dass sämtliche gesellschaftliche Verbindungen und Privilegien wegbrechen, nur weil man von seinem Ehepartner nicht mehr geliebt wird, wäre jedem Mitglied der bürgerlichen Klasse vollkommen absurd vorgekommen. Kein Mensch hatte vor hundertsiebzig Jahren überhaupt die Erwartung, dass ein so unsicheres Phänomen wie die Liebe Familien zusammenhalten könnte. Liebten Mann und Frau sich nicht oder nicht mehr, war das völlig normal, kam jemand auf die Idee, deswegen den Partner zu verlassen, hielt man das für überspannt.

Unabhängigkeit wird zum Dogma. Wer sich also einsam fühlt, hat ein Problem.

Heute muss ich aber in anderen Menschen Sympathie wecken und Liebe erzeugen, um am gesellschaftlichen Leben teilzuhaben. Und dafür muss ich mich interessant machen, ein spannendes Leben führen und viele Freunde und mindestens eine Leidenschaft haben. Es geht also gar nicht darum, etwas zu finden, was mich interessiert – das wäre ein Luxus, den ich mir leisten könnte, wenn meine Bedürfnisse nach Gesellschaft, Zärtlichkeit, Sex und sichere Wohnverhältnisse erfüllt wären –, es geht in Wirklichkeit darum, etwas zu finden, was mich in den Augen der anderen zu einem attraktiven Menschen macht. Dieser Umstand darf aber niemals ausgesprochen werden, er darf nicht einmal gedacht werden, denn wer die Liebe zu sehr will, bekommt sie nicht.

Wir sind erst dann eine gute Partie, wenn wir authentisch so sind, wie wir zu sein haben, mit anderen Worten: Wenn es uns gelingt, wirklich und wahrhaftig vollkommen unabhängig und glücklich mit dem zu sein, was wir für uns als Lebensinhalt gefunden haben, können wir vielleicht das bekommen, was wir uns eigentlich wünschen. Ein unmögliches Unterfangen, von dem der Neidische tatsächlich meint, es würde anderen Menschen gelingen.

Wie gerne würde der Neurotiker
auf seine innere Stimme hören,
wenn sie nur sagen würde, was er
glaubt, was andere für richtig
halten.

Der Neidische vermutet insgeheim, der einzige unglückliche Betrüger unter lauter glücklichen Wahrhaftigen zu sein. Dabei ist es genau andersherum. Er ist derjenige, der die moralischen Forderungen sehr ernst nimmt, der nicht betrügen, das heißt, diese moralischen Forderungen nicht einfach umgehen kann. Wie gerne würde er sie erfüllen, aber solange er so ist, wie er ist, so lustlos, widersprüchlich und bedürftig, ist das natürlich unmöglich. Kein Wunder, dass er die anderen beneidet, bei denen offensichtlich, nach der Definition von Sigmund Freud, den ganzen Tag ihr ICH mit ihrem Ideal-ICH oder Über-ICH zusammenfällt. Die anderen scheinen von morgens bis abends völlig mit sich einverstanden, der Sport macht Spaß, die zuckerfreie Ernährung ist ein einziges kulinarisches Fest. Herausforderungen werden geliebt, Auszeiten genossen, die Freunde umarmt, es wird sich einfach nur um das Wesentliche gekümmert. Es ist verdammt noch mal ungerecht! Aber das Ungerechteste ist, dass der Neidische nicht zeigen darf, wie sehr er unter dieser Ungerechtigkeit leidet, denn das würde ihn in den Augen der anderen endgültig diskreditieren.

Auf die naheliegende Lösung, einfach zu schauspielern, kommt er nicht, denn der Neidische will auf keinen Fall lügen. Dabei wäre es so einfach: Man macht, was man sowieso gerade macht, und verkauft es als das ganz große Ding. Doch was hätte das für einen Sinn? Es ist eine Frage der Selbstachtung, warum sollte er, der Neider, weniger echte Erfüllung verdient haben als andere? Ist er denn weniger wert als sie? Dass andere zufriedener und glücklicher sind, ist für den Neidischen eine Tatsache, die er, wohin er auch blickt, überall bestätigt sieht. Diese Überzeugung hat Konsequenzen: Würde der Neidische es sich leicht machen und so tun »als ob«, würde er vielleicht vor den anderen gut dastehen, aber sich damit nur selbst beweisen, wie sehr er von seinem eigenen Ideal entfernt ist. Ein Dilemma.

Der Neurotiker ist ein einsamer Held, der den Kampf um seine Selbstachtung nicht aufgibt, obwohl dieser ihn all seine Kraft und Selbstbeherrschung kostet. Zeit, um einfach nur das zu tun, was ihm Spaß machen könnte, bleibt ihm dabei natürlich wenig.

> *Das neurotische Dilemma: Solange man leidet, hat man sich noch nicht aufgegeben. Und solange man nicht aufgibt, leidet man.*

Sein Leben wird zur Heldenreise, auf der es den Heiligen Gral zu finden gilt, und der Heilige Gral ist natürlich nichts anderes als die Erkenntnis, welche Rolle er in dieser Welt zu spielen hat. Nur für diese Rolle ist das Individuum gemacht, glaubt der Neider, und nur diese wird es perfekt ausfüllen können. Weil der Neidische in uns die Hoffnung nicht aufgeben will, diese Rolle für sich zu finden, ist er auch immun gegen die vielen Hinweise, dass auch andere an diesem Projekt scheitern. Jede Klage über die vielen Zweifel und Niederlagen auf dem Weg zu sich selbst in Form von selbst komponierten Liedern, Blogtexten und mitgefilmten Geständnissen kommt ihm vor wie eine Koketterie, scheint sie ihm doch genau die Süßigkeit zu enthalten, deren Fehlen gerade beklagt wird: Allein dass die Klagenden so offen von ihren Sehnsüchten und Gefühlen sprechen und singen, zeigt doch, dass sie im Grunde mit sich im Reinen sind. Und der Neidische würde verdammt viel dafür geben, um so authentisch zu sein wie sie.

Da der Neurotiker das Wesentliche und Bedeutungsvolle aus Prinzip bei den anderen vermutet, kann er die offensichtliche Leere hinter dem ganzen Authentizitätsgebrabbel nicht erkennen. Ihm sprechen Fragen wie »wann wirst du aufhören, dich um Nichtigkeiten zu kümmern und endlich anfangen zu leben?« aus der Seele. Sein Problem ist natürlich, dass, sobald ER sich den vermeintlich wichtigeren Dingen zuwendet, sie unter seinen Händen zu genau den »Nichtigkeiten« werden, um die er sich nicht mehr kümmern wollte. In ihrer Parodie der Auftritte von beliebten Poetry-Slamern und Singer-Songwritern *Poetry Slam, Baby!* entlarvt die Schauspielerin und Kabarettistin Christine Prayon die Bedeutungslosigkeit der vorgetragenen Inhalte, indem sie diese einfach nachspricht.

(...) weil du dem Wortgeblubber
auf den Leim gehst und auf den
Schleim stehst, den ich ver-
träumt ins Mikro hauch, (...)
und spätestens jetzt, wenn ich
sage, dass es mir manchmal echt
gut und manchmal echt schlecht
geht, spätestens jetzt hast du
Wasser im Auge, weil du denkst
»Oh Mann, mir geht's genauso!«

Der Neurotiker ist also zu klug, um an sein eigenes Authentizitätsmärchen zu glauben. Nun wäre es ein kleiner Schritt, auch das der anderen zu durchschauen und so diesem ganzen Vergleichsterror zu entkommen – und damit wieder entscheidungs- und handlungsfähig zu werden. Sobald man nämlich erkennt, dass man nicht dauernd authentisch sein muss, wird einem auffallen, dass nicht jede Entscheidung so existenziell ist, wie sie sich anfühlt. Aber leider, leider vermutet der Neurotiker die Leere nicht in den Sinn- und Ermutigungssprüchen, sondern in sich selbst. Seine These ist: Sobald er sich selbst gefunden hat, ist er Mitglied im Klub und dann wird auch ER das Wahre und Echte in diesen Sprüchen erkennen.

Das Problem des Neurotikers:
Er hält sich für dümmer, als er
ist.

Aber irgendwann ist auch dem Neidischen klar, dass gerade dieses Vergleichen ihm das letzte Gespür dafür raubt, was er eigentlich will. Diese ständige Beschäftigung mit den Lebensentscheidungen anderer inspiriert ihn nicht mehr, hat ihn auch nie inspiriert, was er fühlt, ist nur noch Überdruss und Ekel. Er hat es allmählich satt, andere zu beneiden, und er ist bereit einzusehen, dass es sein eigener Neid ist, der seinem Glück im Wege steht. Diese Erkenntnis wird selbst von Psychotherapeuten als erster Schritt zur Besserung begrüßt, dabei müssten sie es eigentlich besser wissen: Denn niemals liegt der Fehler allein beim Neurotiker selbst, sondern vor allen Dingen bei der Gesellschaft. Die Vorstellung, dass dieser sich durch noch mehr Selbstkritik aus dem Teufelskreis befreien könnte, in die ihn die Gesellschaft gezwungen hat, ist absurd. Es ist, als hätte man hundert Jahre zuvor gegenüber den Patienten mit Waschzwang die Mär aufrechterhalten, dass alle anderen um sie herum nicht onanieren, – und den Zwanghaften empfohlen, sich ein bisschen mehr Mühe beim Unterdrücken ihrer Bedürfnisse zu geben, um das Problem des Waschzwanges an der Wurzel zu packen. Heilen kann man die Neurotiker aber nur mit der Wahrheit. Vor hundert Jahren war es die Tatsache, dass sich die menschliche Sexualität durch kein Masturbationsverbot aus der Welt schaffen lässt. Heute würde es den Neidischen erleichtern, wenn er erführe, dass so gut wie alle Menschen ein »Ich-glaube-an-mich-Theater« aufführen, weil es nun mal so von ihnen gefordert wird. (Onaniert und gezweifelt wird meistens heimlich.)

So wie der Waschzwang ein Zeichen dafür war, dass mit einem etwas »nicht stimmt«, so ist der Neid heute das Symptom dafür, dass man irgendwie nicht so funktioniert, wie man das gerne hätte. Es muss jedem einleuchten, dass es mit dem Bekämpfen der Symptome nicht getan sein kann, dass man also mit dem Vorsatz, den Neid zu besiegen, der Angelegenheit nur einen weiteren neurotischen Dreh verpasst. Dabei klingt alles so logisch: Der selbstkritische Neidische beschließt, seine eigenen Neidgefühle nicht mehr als Problem, sondern als Teil der Lösung zu sehen, das heißt, er beginnt, sich seinen schmerzhaften Neidgefühlen zu stellen, damit sie ihn wie ein Kompass durch die schier unendlichen Möglichkeiten leiten. Sei es das Foto eines knutschenden Paares, ein süßes Kinderbild, Bilder von Stränden und schlanken Körpern – dort, wo die Nadel am stärksten ausschlägt, wird er finden, was er sucht. Und sobald er die bisher verleugneten Lebensträume identifiziert hat, wird er sich der großen Aufgabe stellen und hart für sein Glück arbeiten. Schließlich hat jeder, der die Verantwortung für sein Leben übernimmt, einfach keinen Grund mehr, andere zu beneiden.

Hart arbeiten, statt neidisch sein: Die Idee klingt gut, das Problem ist nur, dass das, was man sich wirklich wünscht, nicht erarbeitet werden kann.

Dieser letzte tapfere Versuch, aus der Klasse der »An-sich-Zweifler« in die Klasse der »An-sich-Glauber« aufzusteigen, reitet den Neidischen immer tiefer in sein Unglück. Indem er anerkennt, dass andere sich ihr Glück verdient haben, überzeugt er sich gleichzeitig, dass er es sich eben – noch – nicht verdient hat!

Wenn man sein Ansehen nicht mehr
retten muss, erledigen sich
viele Entscheidungen von selbst.

Zumal natürlich keiner besser als der sensible Neider weiß, dass es da eine Sache gibt, die man sich niemals erarbeiten kann: Nämlich die verdammt ungerechte Begünstigung durch den Zufall.

4
DER SCHÖNE GLANZ DES ZUFALLS

Das Märchen von der wahrscheinlichen
Unwahrscheinlichkeit

*»Man soll nicht immer vom Schlimmsten
ausgehen. Vom Besten aber auch nicht.«*

Alice Bourmad

Er hatte den Ersten Weltkrieg miterlebt, und nun arbeitete er hier, am St. Marys Hospital in London. Sein Chef Almoth Wright war ein Angeber, dauernd war er kurz davor, etwas Geniales zu entdecken und in die Annalen der Medizingeschichte einzugehen. Egal, er konnte hier in diesem Labor machen, was er wollte, und nur darauf kam es an. Das Fenster zur Straße stand offen, ein Streifen Sonne fiel auf seine Arbeitsplatte, er hörte Schritte, Stimmen und Kinderlachen. Zum Glück arbeitete er nicht in den Räumen im Keller, da kam nie Licht herein und feucht war es obendrein, man konnte den Geruch nach Schimmel und nassem Hund bis hier oben riechen, sogar im Sommer.

Geübt verteilte er die Staphylokokken auf die Petrischalen, verschloss sie und stellte sie für den Assistenten bereit, er würde die angefangene Versuchsreihe fortsetzen. Er freute sich auf seine Sommerferien, seine Frau würde die Koffer packen, aber seine Ferienlektüre wollte er selbst zusammenstellen. Er schraubte ein letztes Glasdeckelchen auf die runde Petrischale, entsorgte den Spachtel, räumte Papiere beiseite und löschte das Licht. Der Rest ist bekannt. Als Alexander Fleming am 28. September 1928 nach seinen Ferien in das Labor zurückkam, entdeckte er, dass er die letzte Petrischale im Spülbecken vergessen hatte. Auf der Kultur waren Schimmelpilze gewachsen, offensichtlich hatte er die Schale nicht richtig verschlossen. Bevor er die Probe entsorgte, betrachtete er sie unter dem Mikroskop und machte eine der wichtigsten Entdeckungen der Medizin: Überall dort, wo die Schimmelpilze waren, waren die Bakterien verschwunden. Dreizehn Jahre später wurde der erste Mensch mit Penicillin behandelt, ein Polizist aus London hatte sich durch eine kleine Schnittwunde eine Wundinfektion zugezogen. Durch die Penicillingabe ging es ihm bald besser, sein Fieber verschwand, die Entzündung klang ab. Dann aber war das Penicillin alle, und der Polizist starb einige Tage später. Aber das konnte den Siegeszug des ersten Antibiotikums nicht aufhalten. In wenigen Jahren stieg die Lebenserwartung der Menschen um ganze zehn Jahre.

Machen Sie es wie Alexander Fleming, geben Sie nicht auf, arbeiten Sie auch mal schlampig, fahren Sie in die Ferien, glauben Sie an das Gute und den glücklichen Zufall. Warum sollte es nicht bei Ihnen klappen, wenn es bei einem Bauernsohn aus Darvel in Schottland geklappt hat? Why not? Einfach mal machen!

WENN WÜNSCHE UNGLÜCKLICH MACHEN, SOLLTE MAN SIE FALLEN LASSEN

»Wir sind die Summe dessen, was wir ent-
scheiden«, sagt die Soziologin Eva Illouz.
Aber wir sind natürlich auch die Summe des-
sen, was uns passiert. Doch wer Einfluss
darauf nehmen möchte, was ihm passiert,
wird nicht weit kommen.

Ohne Hoffnung kann man nicht entscheiden. Niemand würde ein Studium oder eine Ausbildung anfangen, wenn er nicht darauf hoffen würde, dass sich Zeit und Mühe am Ende auszahlen. Ohne Vertrauen in die Gunst des Schicksals braucht man morgens gar nicht erst aufzustehen. Wer den Gefahren nüchtern ins Auge blickt, ist nicht mehr lebensfähig. Selbstverständlich ist es vernünftig, auch für den Notfall vorzusorgen, doch jeder weiß, dass man damit an irgendeinem Punkt aufhören muss. Nicht weil Unfälle, Krankheiten, Börsencrashs oder unzuverlässige Zeitgenossen so selten wären, sondern weil man sich sonst lächerlich macht. Wer gegen alles eine Versicherung abschließt, seine Wohnung mit Zusatzschlössern und Überwachungskameras versieht und stets einen Fahrradhelm trägt, verliert seine Würde. Leben beruht auf der Annahme: Es wird schon irgendwie alles gut gehen.

Das Leben kann eben auch das
Leben kosten, dagegen hilft
keine Versicherung.

Das Ausbleiben von negativen Ereignissen reicht aber natürlich noch lange nicht, um glücklich zu sein. Niemand kann sich lediglich daran freuen, dass er sich heute kein Bein gebrochen oder seinen Arbeitsplatz nicht verloren hat, dass er nicht ausgeraubt wurde und der Hund nicht gestorben ist. Erst positive Überraschungen machen das Leben lebenswert. Die Erwartung glücklicher Fügungen lässt uns Durststrecken und Rückschläge überstehen, denn irgendwann wird das Glück wieder auf unserer Seite sein. Es ist der Zufall, der dem Leben den nötigen Glanz und Zauber verleiht. Der zufällig erhaltene Geldsegen oder die unerwartet schöne Begegnung verleihen ein Hochgefühl, das man sich nur schwer selbst erarbeiten kann. Und gerecht ist so eine kleine unverdiente Bevorzugung von Zeit zu Zeit sowieso, schließlich müssen wir es ertragen, dass auf Erden eine Menge Menschen leben, die bessere Startbedingungen hatten als wir, weil sie schöner und begabter sind, aus einem reichen Elternhaus kommen, angeborenes Charisma besitzen oder schon immer mehr Glück hatten als alle anderen zusammen.

Ein wenig in sein Glück zu vertrauen ist also eine gute Sache, doch sobald man etwas zu sehr auf den glücklichen Zufall hofft, hat das fatale Folgen. Es gibt viele Menschen, die einem Märchen erzählen, die eben »zu schön sind, um wahr zu sein«. Sie versprechen echte Liebe, außergewöhnliche Verdienstmöglichkeiten und Gewinne aus Gewinnspielen, an denen man gar nicht teilgenommen hat. Und nicht nur dumme Zeitgenossen fallen auf Heiratsschwindler und Betrüger herein.

Die Welt ist böse genug, da sollte sich wenigstens der Staat zurückhalten und nicht mit den Hoffnungen der Menschen spielen, das fand auch Friedrich Wilhelm III. und ließ das von Friedrich II. 1763 in Preußen eingeführte Lottospiel 1809 wieder abschaffen, denn es habe doch nachweislich »nachtheilige Einwirkungen auf die Moralität der minderbegüterten Klassen Unserer Unterthanen«. Die Sanierung des Staatshaushaltes mit einer so dubiosen Methode untergrub seiner Meinung nach die Autorität der Regierung, zumal nicht wenige Tagelöhner und Arbeiter ihre letzten Groschen beim Lotto verpulverten. Kurz darauf musste er es wieder zulassen, denn wegen des verlorenen Krieges und der zu leistenden Zwangszahlungen an die Franzosen brauchte der Preußische Staat dringend Geld, aber Friedrich Wilhelm III. wies seine Kommissare an, das Spiel doch bitte auf die besitzenden Klassen zu beschränken. Dabei waren die Gewinnchancen damals ungleich höher als heute, in neun von zehn Fällen gewann der Staat, in einem von zehn Fällen aber der Lottospieler. Heute betragen die Gewinnchancen 1:16 Millionen für sechs Richtige und für den Jackpot sogar nur 1:140 Millionen. Und trotzdem spielen heute nicht wenige Menschen Lotto, denn die Vorstellung, dass sich bis an ihr Lebensende höchstwahrscheinlich nichts an ihrem Status quo ändern wird, ist für sie auf diese Weise besser zu ertragen.

Wir brauchen also den Zufall, dieses Gespanntsein, was als Nächstes passiert; bekämen wir immer nur genau das, »was uns zusteht«, würde das Leben keinen Spaß mehr machen. Sieht man die Stationen seines Weges allzu deutlich vor sich, kann man sich also ungefähr ausmalen, wo man in fünf, zehn oder fünfzehn Jahren stehen und wie viel man dabei verdienen wird, wird man wenig Motivation verspüren, loszulegen. Denn auf diese Weise wird das Leben zu etwas, das man abarbeiten muss. Die größten Sehnsüchte und Träume eines Menschen sind immer mit der Tatsache verknüpft, dass es eben ganz und gar nicht sicher ist, ob sie sich in diesem Leben je erfüllen werden.

Alles, was leicht verfügbar ist, erzeugt keine Sehnsucht, alles, was man sich genau vorstellen kann, hat keinen Reiz mehr.

Die angenehmste Spannung stellt sich also ein, wenn wir uns Ziele setzen, die ein wenig schwieriger zu erreichen sind als die Alternativen, die uns ganz sicher zur Verfügung stehen, wie etwa der Ausbildungsplatz beim Onkel oder die Hochzeit mit der Kindergartenfreundin. Aber dieses Ziel sollte wiederum nicht so ambitioniert sein, dass es übermenschlicher Anstrengungen und einer guten Portion Glück bedarf, um es überhaupt zu schaffen. Welche Spannungsintensität einem angenehm ist, muss natürlich jeder selbst für sich herausfinden, aber im Prinzip gilt das, was der englisch-amerikanische Philosoph Alan Watts bereits in den Sechzigerjahren über den Wunsch, sein Schicksal kontrollieren zu können, gesagt hat. Kein Mensch, so Watts, wünscht sich ernsthaft, in die Zukunft schauen zu können, denn je sicherer und deutlicher man in die Zukunft sehe, desto mehr könne man sagen, dass man sie bereits hinter sich habe. »Wenn der Ausgang eines Spiels sicher ist, dann möchten wir gar nicht mehr weiterspielen, sondern fangen ein neues Spiel an.«

Alles was erreichbar ist, ist also langweilig. Doch warum sollte man ausgerechnet ein so fernes Ziel in Angriff nehmen, das einem keine Zeit mehr übrig lässt für Dinge, die das Leben auch ausmachen, wie Freunde treffen, Sport treiben, lesen, baden und rumhängen? Das war und ist auch die Kritik am sogenannten American Dream: Dem Streben nach Glück und Erfolg alles unterzuordnen ist der mephistophelische Pakt mit dem Erfolg, denn der Halbherzige hat in einer kapitalistischen Welt keinen Platz. Und natürlich kann es sein, dass man unterwegs ausgerechnet das verliert, was einem doch das Allerwichtigste war im Leben, so wie der Zeitungsmagnat Charles Foster Kane, der Protagonist aus dem Film *Citizen Kane* von Orson Welles, der auf dem Weg zum einflussreichsten Zeitungsherausgeber Amerikas seine unschuldige, kindliche Seite verrät.

Niemand sollte von sich verlangen, bis ans Äußerste zu gehen, wie der Boxer Rocky Balboa, (verkörpert von dem damals mittellosen Schauspieler Sylvester Stallone) der sich aus dem Armenviertel Philadelphias herauskämpft, in das er dann nach einem Beinahe-Sieg gegen den aktuellen Schwergewichtsmeister als umjubelter Held zurückkehrt. Vielleicht lohnt es sich für jemanden, der nichts zu verlieren hat, einfach alles zu geben, denn schließlich gehört es sich für einen Helden, dass er weder Plan B noch irgendwelche finanziellen Rücklagen hat, wenn die Sache schiefgeht. Aber lohnt es sich für Menschen, die zwar mit ihrer Situation unzufrieden, aber nicht verzweifelt sind?

Das Leben kann auch sinnvoll sein, wenn man etwas in Angriff nimmt, für das man nicht dauernd kämpfen und seinen Körper, seine Freundschaften und seine Familie ruinieren muss. Wenn man Wert auf die Gesellschaft anderer legt, muss man sich nicht zwingend für das ganz große Ziel entscheiden. Denn natürlich ist es nur dann möglich, Spitzensportler oder ein Superstar zu werden, wenn sich die ganze Umgebung darauf einstellt. Die Menschen um einen herum müssen ja irgendwie damit einverstanden sein, wenn sie zur Staffage erklärt werden, die sich nur noch um den Helden drehen, ihn loben, unterstützen und trösten dürfen. Die friedlich ihren völlig unproblematischen Alltag abwickeln, bis sie wieder gefragt sind als liebende Tante, Mutter, Freundin oder erfahrener Mentor, die mit Tränen in den Augen im richtigen Moment sagen: »Ich weiß, du schaffst das!« Und die immer brav antreten, wenn der Held seinen entscheidenden Auftritt hat – denn was ist ein Auftritt, wenn keiner mitfiebert und mitjubelt?

Dies war das Muster vieler amerikanischer Filme, und natürlich gab es auch eine kulturelle Gegenbewegung. Zahlreiche Dramen und Filme zeigten auf, was es bedeutet, wenn man nicht schafft, was man sich und seiner Familie gewünscht hat. Willy Lohman, der erfolglose Handlungsreisende aus dem berühmten Drama von Arthur Miller, der sich schließlich entscheidet, sich umzubringen, damit seine Familie wenigstens mithilfe der Lebensversicherung die laufenden Rechnungen bezahlen kann. Oder Suzanne Stone Maretto in *To Die For*, gespielt von Nicole Kidman, eine junge Frau aus einer amerikanischen Kleinstadt, die von einer Karriere als Fernsehmoderatorin träumt und dafür bereit ist, alles aufs Spiel zu setzen. Weil es nämlich mit der Fernsehkarriere nicht klappt, entscheidet sie sich irgendwann, ihren Ehemann Larry Maretto ermorden zu lassen, nur damit sie ins Fernsehen kommt. Dazu manipuliert sie drei Jugendliche aus schwierigen Verhältnissen, von denen zwei anschließend ins Gefängnis kommen. Nur Lydia, eine pummelige Sechzehnjährige, erhält Straffreiheit, weil sie sich bereit erklärt hat, mit der Polizei zusammenzuarbeiten, um Suzanne Stone Maretto als Anstifterin dieses ungeheuerlichen Mordes zu überführen. Lydia ist es auch, die bei einem der Interviews schließlich die Schwachstelle des amerikanischen Traums ausspricht: »Was ist«, überlegt sie vor laufender Kamera, »wenn alle berühmt sind, wer ist dann noch das Publikum?«

Doch man könnte diese Filme auch anders sehen, denn immerhin wurde dem Publikum vor Augen geführt, dass es gar nicht so einfach ist, zum Beispiel erfolgreicher Investmentbanker zu werden, wie Chris Gardner in *Das Streben nach Glück* (2006), der monatelang mit seinem Sohn als Obdachloser in San Francisco lebt, bevor er endlich nach einem unbezahlten Praktikum bei einer Bank seinen ersten Job bekommt. Ein Mensch wie Chris Gardner hat es eindeutig verdient, am Ende auf dem Siegertreppchen oder an der Spitze zu stehen. Überhaupt ist es ja nur ein Film, und der ist selbstverständlich »bigger than life«, wer würde sich solche Geschichten als wortwörtliches Vorbild nehmen? Es geht um folgende Botschaft: Man muss schon ein bisschen Einsatz zeigen für das, was man haben will. Und selbst kleinere Ziele sind nicht immer einfach zu erreichen.

Wie fragwürdig manche Filme auch sein mögen, die den American Dream feiern, sie haben eines gemein: Irgendwie kann man nachvollziehen, was die Protagonisten da tun. Die Helden versuchen zwar etwas ganz Großes, aber nichts Unmögliches – sonst käme auch gar keine Spannung auf. Wie soll man mitfiebern, wenn nur ein übernatürliches Wunder dem Helden zu dem verhelfen kann, was er sich wünscht? Vielleicht überstrapazieren Filme wie

Rocky oder *Das Streben nach Glück* den Glauben daran, dass das Glück mit den Tüchtigen sei (Geschichten, in denen die Tüchtigen gnadenlos scheitern, werden schließlich sehr viel seltener erzählt). Doch ohne diesen Glauben an die glückliche Fügung könnten auch weniger außergewöhnliche Menschen ihre weniger ambitionierten Projekte nicht in Angriff nehmen.

STATISTISCH HATTE ICH KEINE CHANCE – ODER DIE VERFÜHRUNG ZUR TOLLHEIT

Schon ihr erster Roman *P.S. Ich liebe Dich* wurde ein Riesenerfolg, und so verdiente die irische Schriftstellerin Cecelia Ahern bereits im Alter von dreiundzwanzig Jahren ihre erste Million. Seitdem schreibt sie jedes Jahr ein Buch. In einem Interview mit der *Süddeutschen Zeitung* verwahrt sie sich dagegen, dass der Name ihres Vaters etwas mit diesem Erfolg zu tun habe: Manche hätten ihren ersten Roman bestimmt deswegen gelesen, weil sie die Tochter des ehemaligen irischen Ministerpräsidenten ist, andere aber hätten die Lektüre ihres Buches aus genau diesem Grund abgelehnt. Wer kann sagen, ob sich die beiden Summen dieser Gruppen nicht aufgehoben haben? Cecelia Ahern hatte gute Startbedingungen, das gibt sie zu, allerdings hat sie ihre Chancen auch ergriffen, als sie sich auftaten. Und sie empfiehlt anderen Frauen, dies ebenfalls zu tun. Denn, so Ahern:»Man darf sich vor Erfolg nicht fürchten.«

Was Cecelia Ahern erreicht hat, ist ein Traum vieler Frauen. Romane schreiben und davon leben können, vielleicht sogar berühmt werden, ist etwas, was mit Fug und Recht als ein gelungenes Leben bezeichnet werden kann. Doch was genau empfiehlt Ahern ihren vorwiegend weiblichen Fans? Was genau sollen diese Frauen tun, welche Chancen haben sie bisher verstreichen lassen, die sie von nun an nutzen sollten? Und warum bitte sollen diese Frauen nicht neidisch sein, denn jeder weiß, dass auf jeden Schriftsteller/jede Schriftstellerin, die veröffentlichen, Hunderte Frauen und Männer kommen, die das vergeblich versuchen – und nicht alle schreiben schlecht.

Aherns deutsche Fans sind aber auch gar nicht neidisch. Im Gegenteil, sie sind sehr selbstkritisch. Unter dem Artikel in den Kommentaren schreiben sie, dass sie sich die Ermahnung von Ahern zu Herzen nehmen würden und dass auch sie in Zukunft hart arbeiten und ihre Chancen nicht mehr »ungenutzt an sich vorbeirauschen« lassen werden. Und genau hier beginnt ein Irrtum, der eines der merkwürdigsten Entscheidungsdilemmata hervorbringt, das sich denken lässt. Es quält viele Menschen und ist doch nur ein Produkt ihrer Einbildung: Denn auf der einen Seite befinden sich alle *möglichen* Alternativen und auf der anderen die, die dem Entscheidungsträger definitiv NIE zur Verfügung stehen. Und die kann man nicht ergreifen, sosehr man es sich auch vornimmt. Eine solche Absurdität kann nur so lange bestehen, bis man die Wahrheit endlich ausspricht, doch genau das ist zurzeit verpönt.

>Leben ist aussuchen. Und man suche sich das aus, was einem erreichbar und adäquat ist, und an allem anderen gehe man vorüber.< Kurt Tucholsky

Dieser gute Satz des Schriftstellers Kurt Tucholsky wirkt heute fast wie eine »Entmutigung«, als wolle da jemand seine Mitmenschen kleinhalten und sie ermahnen – »Schuster bleib bei deinen Leisten«.

Dass bestimmte kalendersprucheartige Aussagen wie »Nutze deine Chancen« überhaupt wirken, liegt an ihrer ständigen Wiederholung; man kennt sie aus der Werbung aber auch aus ernsthaften Interviews. Sie werden Film- und Romanfiguren in den Mund gelegt und auf Postkarten und T-Shirts gedruckt. In einer Werbekampagne des Kosmetikherstellers Lancôme soll man sich beispielsweise den Lebensweg der Schauspielerin Penélope Cruz zum Vorbild nehmen. Keiner um sie herum habe geglaubt, erzählt sie aus dem Off, dass sie jemals Schauspielerin werden könne, doch sie habe diesbezüglich alle Warnungen in den Wind geschlagen und es trotzdem versucht. Und dann folgt der Aufruf, man solle es ihr gleichtun, also seine Chancen nutzen und seiner Leidenschaft folgen. Diesen Aufruf wörtlich zu nehmen, verbietet sich gleich in mehrerer Hinsicht, dennoch enthält Werbung stets Botschaften, die gesellschaftlich gerade en vogue und daher interessant sind. In diesem speziellen Fall werden vor allem ältere Frauen angesprochen, die sich durch das beworbene Produkt ihre Jugendlichkeit bewahren sollen. Das heißt, sollte ein Mitglied dieser Zielgruppe nicht bis dahin schon eine bekannte Schauspielerin sein, wird sie das mit an Sicherheit grenzender Wahrscheinlichkeit auch nicht mehr werden. Die Botschaft ist also eher im übertragenen Sinne zu verstehen: Versuche das Unmögliche – und je absurder dein selbst gestecktes Ziel ist, umso besser.

Selbstverständlich ist jeder Mensch frei, das Unmögliche zu versuchen, wenn ihm alles andere so unattraktiv erscheint, dass er sich im Zweifelsfall lieber für die Utopie ruinieren möchte, als auf statistisch nicht vorhandene Chancen zu verzichten. Aber empfehlenswert ist eine solche Entscheidungsmaxime nur bedingt. Doch offensichtlich liegt die Attraktivität solcher Empfehlungen gerade in ihrem Widersinn, so nach dem Motto: Wer die Chancen nutzt, die er eigentlich gar nicht hat, zwingt durch eine solche Waghalsigkeit das Glück auf seine Seite. Sogar von intelligenten Menschen wird man aufgefordert, längst vergrabene Wünsche und Träume wieder hervorzuholen, denn dann komme die Kraft, sie auch zu erreichen, von ganz allein. Es ist ein relativ neues Phänomen, dass man sich für seinen Realitätssinn rechtfertigen muss. Denn wahrscheinlich hat man diese hundert Träume genau deswegen begraben, weil man sie irgendwann als unerreichbar eingestuft hat und sich fortan lieber auf Erreichbares konzentrieren wollte.

Das Glück ist vielleicht mit dem, der viel wagt. Mit dem Wahnsinnigen ist es nicht.

In einem Gespräch mit der *Süddeutschen Zeitung* über die Rolle des Zufalls in unserem Leben weist der Quantenphysiker Florian Aigner darauf hin, dass inzwischen ganze Branchen davon leben, so zu tun, als könne man den Zufall zu etwas machen, das für einen arbeitet. In den entsprechenden Vorträgen und Seminaren wird dem Publikum genau erklärt, womit man angeblich Erfolg hat. Natürlich begünstigen bestimmte Verhaltensweisen Erfolg, aber ohne das notwendige Glück, so Florian Aigner, wird einem das trotzdem alles nicht nutzen. Das Problem dabei ist, dass dieser Schwindel so selten auffliegt, denn »nur die Leute, die Glück hatten, werden nach ihrem Erfolgsrezept gefragt. Wer vom Zufall weniger begünstigt wurde, hält keine Seminare.«

Leider.

Aber warum fällt man immer wieder auf diesen Unsinn herein? Warum fühlt man sich von solchen Sprüchen »ertappt« und kämpft mit dem unbestimmten Gefühl, irgendwie »feige« zu sein? Warum ist man nicht stolz darauf, entgegen dem Zeitgeist, bei seinen Entscheidungen seinen Verstand einzuschalten? Risikofreudigkeit scheint heute ein Muss geworden zu sein. Wie sehr die Wünsche der Menschen nach Sicherheit und Berechenbarkeit verachtet werden, kann man daran ablesen, dass es einem schon gar nicht mehr auffällt. Auch auf einen Blogbeitrag des Businessnetzwerkes Xing.com mit dem Titel *Kein Plan B?*, in dem der mutige Jobwechsel gepriesen wird, gab es lediglich positive Kommentare. Der beginnt mit folgenden Worten: »Irgendwie strebt in Deutschland jeder nach Sicherheit. Im englischen Sprachraum hat sich sogar bereits der Begriff der ›German Angst‹ etabliert – als Bezeichnung dieser unspezifischen Furcht vor allem und jedem. Das betrifft auch einen Jobwechsel.«

Dieser Absatz enthält gleich zwei Unterstellungen. Die erste ist, dass es sich um unspezifische Ängste handelt, als seien zum Beispiel Existenzängste per se völlig unberechtigt. Die zweite Unterstellung ist natürlich, dass man sich im Ausland über die Deutschen und ihre Ängste lustig machen würde. Man könnte doch mit der gleichen Berechtigung einen Artikel schreiben, in dem man sich fragt, warum deutsche Arbeitnehmer nicht entschiedener um ihre Arbeitsplätze kämpfen, so wie es die Franzosen tun. Oder einen, in dem man sich wundert, warum in London überhaupt noch Menschen arbeiten, wenn sie sich für ihr Gehalt nicht einmal mehr ein eigenes Zimmer, geschweige denn eine Wohnung leisten können.

Man nimmt solche und andere Artikel nicht ernst und hat trotzdem unterschwellig ein schlechtes Gewissen. Waghalsigkeit wird kulturell überhöht. Um welches Projekt es geht, ist eigentlich zweitrangig, nur möglichst abwegig muss es sein – weil man dadurch beweisen kann, mit welchem Vertrauen in sein Glück man in die Welt hinausgeht. Es ist, als würde jemand empfehlen, man solle aus dem zwanzigsten Stock eines Hochhauses springen; statistisch sei es zwar unmöglich, dass man als Mensch plötzlich fliegen könne, aber wer weiß, vielleicht gelingt es doch, und wer heil unten ankommt, wird mit Sicherheit berühmt!

Dass Ermutigungen à la »Geht nicht, gibt's nicht« auch zu Fehlentscheidungen führen, erkannte schon Erich Kästner im letzten Jahrhundert: »Nicht jeder, der nach Indien fährt, entdeckt Amerika.«

Das Problem ist nicht, dass man diese Botschaften nicht durchschauen würde und aus diesem Grund ernsthaft mit dem Gedanken spielt, tatsächlich »den Sprung zu wagen« und ein »geht nicht« nicht zu akzeptieren. Das Problem ist vielmehr, dass man seine vernünftigen Entscheidungen ständig infrage stellt, ohne eigentlich genau zu wissen, warum. Und auch ohne eine konkrete Alternative zu haben, die man wirklich einmal gründlich auf ihr Glücksversprechen abklopfen könnte – und darauf, ob man für sie bereit wäre, ein wohlkalkuliertes Risiko einzugehen.

Denn diese Botschaften schillern ständig zwischen übertragen und konkret gemeint hin und her und sind deswegen so schwer zu fassen. Mit anderen Worten: Es wird einfach nur Stimmung gemacht. Wenn in der Werbung für einen Frauenrasierer eine junge Frau von einer kleinen Jacht ins Meer springt und das Ganze kommentiert wird mit: »Wage den Sprung und lebe dein Leben, wie es dir gefällt«, dann lässt sich daraus gar keine konkrete Handlungsanweisung ableiten. Schwimmen und baden und sich zwischen den Beinen rasieren sind ja insgesamt keine besonders neuen oder außerordentlichen Aktivitäten. Das ganze Gebrabbel zwingt mich einfach nur, mir ständig zu überlegen, was ich denn demnächst »wagen« könnte, als sei dies ein Selbstzweck. Als ergäbe sich das Wagen-Wollen nicht schon früh genug, nämlich genau dann, wenn ein konkreter Wunsch auftaucht, der sich nicht mehr unterdrücken lässt. Ein zersetzender Prozess, der bei den meisten Menschen glücklicherweise nicht den Verstand außer Kraft setzt, sie aber mit ihren sorgsam abgewogenen Entscheidungen nicht mehr zufrieden sein lässt.

Dass Tollkühnheit oder der reine Glaube an den glücklichen Zufall schon irgendwie vom Schicksal belohnt werden, hat die Idee abgelöst, man könne sich sein Glück durch Leistung verdienen. Den American Dream gibt es nicht mehr, er wirkt heute seltsam verstaubt. Heute, sagte eine Filmkritikerin auf der Berlinale 2018, würden kaum noch Geschichten von Menschen erzählt, die sich hocharbeiten, das wirke einfach nicht mehr glaubwürdig. Stattdessen seien die Protagonisten entspannt und zuversichtlich und halten sich bereit für den Moment, der ihr Leben verändern wird.

Heute träumt man also vom »Elevator Pitch«, das heißt, von der einen kleinen Gelegenheit im Leben, bei der man durch perfektes Agieren das Ruder doch noch herumreißen kann. Dieser Begriff stammt ursprünglich aus der PR-Branche und bedeutet, dass man das, was man sagen will, so prägnant auf den Punkt bringen muss, dass man es notfalls während einer Fahrstuhlfahrt an den Mann bringen kann. Inzwischen hat dieser Begriff Einzug in die Sprache der Buchautoren und Drehbuchschreiber gefunden. Im Film sieht ein Elevator-Pitch dann so aus:

Eine junge Frau kellnert in einem Diner, immer fröhlich, immer voller Verständnis, selbst für die schwierigsten Gäste. Zu Hause wartet nach einem langen Arbeitstag die kranke Mutter oder eine behinderte Schwester, und auch das wird von der jungen Frau mit einer bemerkenswerten Geduld gemeistert. Heimlich aber übt sie mitten in der Nacht Singen und Tanzen, denn ihr größter Traum ist es, Schauspielerin zu werden. Doch manches Vorsprechen verpasst sie, weil Mutter oder Schwester wieder krank werden oder durchdrehen. Kaum steht sie in einem Flur (noch ihren Text übend) und wartet darauf, dass sie auf die Probebühne gerufen wird, macht ihr die Familie wieder mal einen Strich durch die Rechnung. Und obwohl man sie zurückhalten möchte (das hübsche, bescheidene Mädchen ist so anders als die arroganten Mitbewerberinnen), rennt sie nach Hause, wo man sie so dringend braucht.

Dann die Schlüsselszene, an einem besonders hektischen Tag kippt sie einem Gast ein Glas Rotwein über die

Hose. Sie entschuldigt sich viele Male und versucht beim Reinigen der schönen Hose zu helfen, das tut sie alles so liebreizend, dass der junge Mann hingerissen ist. Was die Kellnerin nicht weiß: Dies ist kein gewöhnlicher Mann, er ist der berühmteste Drehbuchautor Hollywoods und ihm ist natürlich sofort aufgefallen, wie wunderbar ihre Haltung und Aussprache sind. Er fragt sie, ob sie sich für Film und Theater interessiert, sie nickt und strahlt und wird schon wieder von Mutter oder Schwester angerufen. Doch dieser kurze Auftritt hat gereicht. Eine Woche später kommt der Drehbuchautor wieder in das Diner und erklärt der jungen Frau, dass er gerade ein Drehbuch verkauft habe, dass er ihr zu Ehren geschrieben habe und bittet sie, in seinem nächsten Film die Hauptrolle zu übernehmen.

Der entscheidende Unterschied zwischen dem alten und dem neuen American Dream ist hierbei, dass man nicht nur Verantwortung dafür übernimmt, was man tut, sondern vor allen Dingen dafür, was um einen herum geschieht. Es wird hier aber nicht nur passiv auf ein Wunder gewartet, sondern aktiv an sich gearbeitet, um eine Persönlichkeit zu werden, der das *Entscheidende* passiert. Dazu gehört auch, dass man das, was man möchte, nicht allzu verbissen verfolgt, denn das wirkt gar nicht mehr nett und sympathisch. Man soll, so die Botschaft solch märchenhafter Filmgeschichten, irgendwie lernen, mit seinem Leben jetzt schon so zufrieden zu sein, als wenn man das, was man sich wünscht, bereits hätte. Denn nur dann habe man es auch verdient, es zu bekommen.

Die Wirkung solcher Botschaften ist nicht harmlos. Auf diese Weise wird die Tatsache verschleiert, dass man kaum Chancen hat, sich seine Träume zu erfüllen. Das, was ich will, wollen zu viele, das Risiko mit seinem ambitionierten

Ziel zu scheitern, ist einfach zu hoch. Daher kann ich mir den Erfolg auch nicht (wie früher) erarbeiten, ich muss ihn irgendwie »anziehen«. Damit wird übrigens auch der ›profane‹ Kampf um die Arbeitnehmerrechte diskreditiert, denn wer um seine Rechte kämpft, beweist ja, dass er kein Vertrauen in sein Schicksal hat, sondern einfach nur Angst, das Wenige, was er hat, auch noch zu verlieren.

Wenn das Schicksal mitspielt, ist alles möglich. Wozu also noch Arbeitnehmerrechte und Chancengleichheit?

Die gleiche Entwicklung hat der amerikanische Schriftsteller und Journalist George Packer beobachtet. In seinem Buch *Die Abwicklung* skizziert er die Auflösung des gesellschaftlichen Zusammenhalts in den USA. Dabei ist der Zufall, der kein Zufall mehr sein darf, einer der größten Quellen des Unglücks der Abgehängten und Gestrauchelten, gegen die die eigentliche Benachteiligung durch Armut ein Pappenstiel ist! Eine Meisterin der Legende, dass jeder, der es nur ernsthaft genug versuche, kraft seiner Persönlichkeit den Erfolg in sein Leben ziehen könne, ist seiner Meinung nach die Talkshow-Moderatorin Oprah Winfrey. Sie, eine Frau aus kleinen Verhältnissen, wurde die erste afroamerikanische Milliardärin der USA, und so wird alles, was sie sagt und tut insbesondere von schwarzen Amerikanern verfolgt. Sie stehen stundenlang Schlange, um in ihre Shows zu gehen, kaufen die Produkte, für die sie Werbung macht. Und falls sich einer von ihnen dabei verschulden sollte, hat er immer noch die Hoffnung, dass sie, Oprah, ihn einlädt in einer ihrer Shows, in der sie dann vor laufender Kamera seine Schulden tilgt – damit er neu anfangen kann, und die Zuschauer lernen, dass im Leben nie und nimmer alles verloren ist.

Doch Oprah Winfrey ist kein Vorbild, die Chance, dass noch einmal einer der ihren eine so außerordentliche Karriere hinlegt, geht gegen null. Stattdessen raubt sie den vom Glück weniger Begünstigten das Einzige, was sie überhaupt noch haben: Den Trost, nicht am eigenen Schicksal schuld zu sein. George Packer beschreibt es so: »Aber nicht allen Fans, die sich von Oprahs magischem Denken leiten ließen (…) und ihr zusahen, wie sie immer umtriebiger wurde und immer mehr Dinge anhäufte, gelang es, ein besseres Leben zu führen. (…) Und da Leid nicht dem Zufall unterlag, nahm sie ihnen die Möglichkeit, sich zu rechtfertigen.«

Dass manche Menschen ihr Glück nur dem Zufall zu verdanken haben, ist in einer Gesellschaft, in der jeder mit jedem konkurriert, besonders schwer zu ertragen. Mit der Legende, dass sich die Begünstigten sogar diesen Zufall irgendwie verdient haben müssen, hält der »selbstkritische« Neider die Vorstellung aufrecht, dass »alles schon seine Ordnung habe«, es also theoretisch möglich ist, sich dieses Glück ebenfalls zu verschaffen. Es ist zwar bei Youtube-Kinderstars, die mehr verdienen als ihre Eltern zusammen oder bei millionenschweren Influencern, die nichts weiter tun, als ihre Körper zu zeigen und ihre Fans an ihrem Alltag teilhaben zu lassen, natürlich nicht auf den ersten Blick ersichtlich, was die Fähigkeit sein könnte, mit der sie sich die Millionen im wahrsten Sinne des Wortes »verdient« haben. Aber es muss ja so sein, sonst hätten sie sie nicht.

Auch Florian Aigner weist in seinem Buch *Der Zufall, das Universum und Du* auf die unheilige Verknüpfung von Aktivität und zwangsläufigem Erfolg hin. »Wenn man die Bedeutung des Zufalls ignoriert und den Leuten einredet, dass nur die persönliche Leistung den Unterschied zwischen Erfolg und Misserfolg ausmacht, dann erschaffen wir eine Welt von deprimierten Gescheiterten (...) und arroganten Erfolgreichen, die überzeugt davon sind, überlegene Auserwählte zu sein.«

Wer sich persönlich zuschreibt, was der glückliche Zufall verteilt, der unterliegt übrigens einem ganz normalen psychischen Automatismus. Es gehört zur Psychohygiene, dass man den glücklichen Zufall eher sich selbst zurechnet, wobei man den unglücklichen eher als Pech erkennt. Problematisch ist also nicht, dass die Schriftstellerin Cecilia Ahern sich ihren Erfolg zum großen Teil ihren Fähigkeiten und ihrer Entschlossenheit zuschreibt, problematisch ist, dass ihre Fans nicht anerkennen können, dass sie dazu auch sehr viel Glück hatte. Denn die Hoffnung auf den glücklichen Zufall ist immer viel zu teuer bezahlt: Findet er nicht statt, ist das eigene Leben vollkommen entwertet.

>»Follow your dreams and the uni-
>verse will open doors for you
>where there where only walls.«
>Überall wird zum Aberglauben
>aufgerufen, gefunden auf Face-
>book, 2019

Jeder hütet sich, das Offensichtliche auszusprechen, also zu rufen: *Der Kaiser ist nackt, die Chancen sind nicht da!* Niemand verteidigt die Schriftstellerin so vehement gegen den Vorwurf, »sie habe Glück gehabt«, wie ihre eigenen Leserinnen. Denn damit verteidigen sie auch ihre Illusion, sie könnten sich das, was Cecilia Ahern widerfahren ist, ebenfalls erarbeiten. Durch eine geschickte Kombination von Fleiß, Mut, Seelengröße und ganz viel Durchhaltevermögen. Als würde man dadurch die Wahrscheinlichkeiten beeinflussen können. Dabei gehört es doch zu einer angemessenen Lebensbewältigung, nicht nur etwas durchhalten zu können, sondern auch Ziele, die sich als zu ambitioniert herausgestellt haben, fallen lassen zu können.

Wer unrealistische Träume nicht aufgeben kann, ist unglücklicher als einer, der keine hat.

Es gehört zur logischen Weiterentwicklung der Neidgesellschaft, dass in ihr der Neid verleugnet werden muss. Mit anderen Worten: Dass der verhasste Konkurrent zum geliebten Vorbild hochgejubelt werden muss, dem es nachzueifern gilt. Damit verliert man nun endgültig die Verbindung zu seinen wahren Gefühlen. Denn vieles, was ich mir im Leben wünsche, werde ich vielleicht nicht bekommen, und das kann verdammt traurig machen. Aber es wäre schon viel wert, wenn ich nicht immer die Verantwortung für Dinge tragen muss, die ich gar nicht beeinflussen kann.

*Lieber einen Traum weniger
erfüllt bekommen, als seine Zeit
mit Illusionen zu verschwenden.*

Diese Last loszuwerden, lässt einen nicht nur unbeschwerter leben (und entscheiden), sondern öffnet einen für folgende Erkenntnis: Dass man sich nicht alles im Leben, was man will, allein verschaffen muss.

5
GLÜCKLICH SEIN GEGEN DEN REST DER WELT?

Über ein merkwürdiges Gesellschaftskonzept

*Das Glück findet sich oft von alleine.
Erfolg nicht.*

Ein internationales Forschungs- und Entwicklungsteam hat es endlich geschafft, vor ihnen steht ein Prototyp, der aussieht und sich bewegt wie ein Mensch. Nun soll getestet werden, wie er sich im wahren Leben bewährt. Bevor er in der Stadt London ausgesetzt wird, erklären ihm seine Entwickler, was ihn da draußen erwartet. Der junge Robotermann, der ein wenig dem britischen Schauspieler Henry Cavill nachempfunden wurde, hört aufmerksam zu.

»Das Gesellschaftssystem in England ist zur Zeit eine Demokratie, das kann sich natürlich jederzeit ändern«, erklärt der Sozialwissenschaftler Mr. Weinreb, er war mit einigen anderen Kollegen für die Auswahl der Informationen zuständig, mit denen das System Cavill-Proto-1 bestückt wurde. Der Roboter nickt, er kennt die Kriterien einer Demokratie, auch England ist ihm ein Begriff, ein Land mit freien Wahlen und einer gemischten Bevölkerungsstruktur, gerade aus der EU ausgetreten, u. a. aus Angst vor Migration, wobei dieser Info-Cluster gleichzeitig mit dem Hinweis verknüpft ist, diese Themen nicht gleich bei der ersten Begegnung mit einem Menschen anzusprechen.

»Das heißt, jedes Individuum kann in diesem Land seine Chancen ergreifen und sich selbst verwirklichen, und sollte das auch tun.«

Hoffentlich dauert das nicht immer so lange, bis Cavill-Proto-1 antwortet, denkt Weinreb, sonst hält man ihn für bekloppt, und keiner da draußen will mit ihm zu tun haben. Dabei ist dieses

Ding hochintelligent, mit allem ausgerüstet, was man braucht, um sich in einem unbestimmten Umfeld zurechtzufinden, nur muss es erst einmal in Gang kommen.
»Ich habe verstanden«, sagt der Roboter schließlich. »Und was soll ich tun?«, er legt seine Hand auf die Stelle, bei denen bei Menschen ungefähr das Zwerchfell sitzt.
»Was du willst«, antwortet Mr. Temple, einer der Programmierer.
»Und was will ich?«, fragt der Roboter.
»Das musst du herausfinden.«
Der Roboter überlegt, das hatten die Wissenschaftler erwartet, der Gestalter der Oberflächenstruktur stellt fest, dass das Stirnkräuseln bei komplexen Rechenoperationen noch ein wenig zu gleichmäßig und deswegen etwas künstlich aussieht.
Endlich die Antwort: »Wäre es nicht einfacher, wenn man es mir sagt?«
Ein Aufstöhnen in der Gruppe, was war da schiefgegangen? Sie hatten das System zwar nicht mit einer konkreten Mission verknüpft, denn das ist schließlich kein Arbeitsroboter, aber doch immerhin mit einem starken Drang, sich ein Ziel zu setzen, weil es ja sonst für Cavill-Proto-1 keinen Grund gibt, etwas zu tun und dabei zu lernen. Und nur wenn Cavill-Proto-1 etwas lernt, würde man von echter KI sprechen können.
»Das Beste aus deinen Möglichkeiten«, erklärt Weinreb, »klingelt da bei dir was? Und zwar in jeder Hinsicht, denk doch mal an die Bedürfnispyramide.«
»Ach ja natürlich, Liebe, Freunde, ein Beruf, eine schöne Wohnung, in der man eine Heizung anstellen und Arbeitskollegen einladen kann, je citynaher, desto besser. Und ein Hobby brauche ich auch noch, Musik oder Sport.«
»Genau«, ruft Mr. Tempel begeistert, »finde heraus, was du am besten kannst und wer am besten zu dir passt, du hast viele Begabungen, ergreife deine Chancen, genieße dein Abenteuer.«

»Das Beste aus meinen Möglichkeiten, ein Abenteuer, ich habe verstanden«, versichert Cavill-Proto-1, »ich bin bereit.«
Cavill-Proto-1 wird an einer Kreuzung ausgesetzt, er geht in die nächste Bar, denn es ist Feierabendzeit. An der Theke lehnen mehrere Männer, aber auch einige Frauen. »Frauen«, Cavill-Proto-1 vergleicht sie mit Bildern, die er in seinem Speicher hat. Es ist eindeutig, es gibt bessere, nur wo treffen, allein in diesem Viertel gibt es Dutzende von Bars. Er lässt das halb volle Bierglas stehen und verlässt die Bar, versucht, durch die Fenster in andere Klubs und Restaurants zu schauen, überall sieht er Männer und Frauen miteinander reden und lachen, seine Traumfrau ist nicht dabei. Was soll er tun, weitersuchen, den Radius erweitern, doch wie weit soll er gehen? In ein anderes Viertel, in eine andere Stadt, ein anderes Land? Plötzlich fällt ihm ein, dass es doch sein könnte, dass in diesem Moment seine Traumfrau die Bar betritt, die er vorhin verlassen hat. Er kehrt um, bleibt aber wieder stehen, aber halt, das ist doch nur eine Vermutung von ihm, sicher weiß er nicht, dass sie dort ist. Es fängt an zu regnen, ein Fußgänger rempelt ihn an, Cavill-Proto-1 lächelt entschuldigend. Er checkt in seinem Smartphone einige Adressen von Hotels, wo er erst einmal unterkommen könnte, bis er einen Job und eine Wohnung gefunden hat, dabei fällt ihm ein, man geht nicht nur in eine Bar, um Frauen zu treffen, dort lernt man auch Menschen kennen, und Menschen wiederum können einem Wohnungen und Jobs vermitteln. Es gibt Studien, sie sind in seinem »Gedächtnis« gespeichert, die besagen, dass sich die besten Jobangebote beim Feierabendbier ergeben, und überhaupt kommt ein Mensch nur weit, wenn er mit den richtigen fünf Freunden seine Zeit verbringt. Wieder setzt er sich in Bewegung. Wo in diesen Bars und Restaurants hält sich der Mann auf, der sein Freund werden könnte und ihm das verschaffen könnte, was er braucht? Aber halt, er bleibt stehen, würden diese fünf wert-

vollen Kontaktpersonen denn überhaupt schon zu dieser frühen Stunde in einer Bar sitzen? Sitzen sie überhaupt in Bars? Und was ist, wenn seine potenzielle Traumfrau und der bestmögliche beste Kumpel sich in diesem Moment im berühmten Britischen Museum kennenlernen und ein gemeinsames Leben ohne ihn beginnen?

Cavill-Proto-1 geht ein paar Schritte nach rechts, er will ins Museum, doch dann begreift er, dass er es nicht schaffen wird, dort zu sein, bis das Museum schließt, dann doch die Bar. Er dreht sich um, geht ein paar Schritte, bleibt stehen, checkt in seinem Smartphone die Bewertungen der Bar, die er vor einer halben Stunde verlassen hat, die sind nicht gut, er wird in eine andere Bar gehen, in eine bessere, teurere. Er geht zwei Schritte, bleibt stehen, in teuren Bars sind nur Frauen, die reiche Männer suchen, und er ist nicht reich. Dann doch das Museum, ach nein, das macht erst morgen früh wieder auf, dann die Bar, in der er schon war, nein, die daneben. Er wird es einfach davon abhängig machen, in welcher Bar die schöneren Frauen sitzen, aber halt, ist das überhaupt die beste Auswahl an Frauen, die sich in London finden lässt? Er rechnet, nach ein paar Schritten kommt das Ergebnis: In seiner Altersstufe und seiner »Liga« gibt es in diesem Viertel sowieso nur drei potenzielle Partnerinnen, warum sollte davon ausgerechnet heute Abend eine davon in der Bar sitzen, die nur wenige Schritte von dem Ort entfernt ist, an dem er seine Suche begonnen hat. Ein anderes Viertel, welches? Wie kommt man dahin, vielleicht soll er ein Taxi herbeiwinken? Cavill-Proto-1 dreht sich um seine eigene Achse, rechnet und rechnet. Oder doch erst den Freund? Der hat vielleicht eine Schwester, das würde die Sache einfacher ... wie spät ist es? Denn je später der Abend, desto weniger wahrscheinlich ist es, an einer Theke den Mann zu treffen, der später mal zu den fünf Freunden gehört, mit denen man sich umgeben sollte.

Cavill-Proto-1 sieht jetzt aus, als wenn er tanzt, zwei Schritte rechts, eine halbe Drehung, dann einen Schritt nach links, einen nach vorn, wobei er den Arm hebt, dann wieder zurück, nach rechts, halbe Drehung, links, nach vorn, er kippt, richtet sich wieder auf, bleibt stehen. Brennt durch.

Wie würden Sie diesen Roboter programmieren?

WENN ICH NUR DAS BESTE WILL,
WIRD MIR DIE WELT ZUM FEIND

Die Gesellschaft ist dazu da, jedem Einzel-
nen die größtmögliche Entfaltung zu bieten.
Könnte man meinen. Doch ein gutes Zusammen-
leben sieht anders aus.

Die beste Option für sich zu finden, und zwar in jeder Beziehung, scheint auf den ersten Blick ein lohnendes Ziel zu sein. Viele Menschen glauben daher, dass sich eine gute Gesellschaft dadurch auszeichnet, dass sie jedem Einzelnen ermöglicht, die ihm gemäßen Chancen zu ergreifen und sich, wie es so schön heißt, zur »besten Version seiner selbst« zu entwickeln. Schließlich ist jeder Mensch erst einmal um seiner selbst Willen auf der Welt, und nicht dazu geboren worden, um die Wünsche von anderen zu erfüllen oder übergeordneten Zwecken zu dienen. Doch was bedeutet es für die Gesellschaft, wenn alle Bürger nur das Beste für sich wollen?

Wie bereits beschrieben, verhindert oft schon die Anzahl der uns zur Verfügung stehenden Möglichkeiten, dass wir die besten daraus wählen können. Überträgt man die Sehnsucht nach dem Optimum auf andere Gebiete, sieht man schnell, wie absurd eine solche Fixierung werden kann. Wenn beispielsweise in Unternehmen eine Optimierung der Arbeitsprozesse beschlossen wird und Mitarbeiter derart mit aufwendigen Qualitätskontrollen beschäftigt werden, dass sie kaum noch zum Arbeiten kommen – oder freie Radio- und Fernsehredakteure ihre Beiträge so oft umschreiben müssen, bis es allen Verantwortlichen gefällt, und sie dann wegen des enormen Zeitaufwands weit unter den Mindestlohn rutschen, da sich die Honorare nicht in gleichem Maße erhöhen. Wer es also mit der Suche nach dem Besten übertreibt, stößt an die Grenzen seiner Zeit.

»Gut genug« ist oft die beste Entscheidung.

Das Beste ist eine faktische Unmöglichkeit. Wer den Wunsch nach dem Besten trotzdem aufrechterhält, kommt nicht mehr zum Leben. Dann kann man nicht mehr in Ruhe einen Cocktail trinken, weil es sein könnte, dass draußen vor dem Lokal die Traumfrau oder der Traummann vorbeimarschiert. Oder keine Reise mehr antreten, weil es ja sein könnte, dass es just zu dieser Zeit am Ferienort zu regnen anfängt, während zu Hause die Sonne scheint.

Das Beste verdirbt aber nicht nur den nächsten lauen Sommerabend oder macht den Job zur Qual – es beschädigt unsere gesamte Gesellschaft. Denn was bedeutet die Entscheidungsmaxime, möglichst die beste Option für sich zu finden, für die anderen? Wir leben schließlich in Beziehungen, es gibt also kaum eine Entscheidung, die andere nicht beträfe. Zumal die anderen ja nicht untätig herumsitzen, sondern ebenfalls Entscheidungen treffen, mit denen wir nicht immer einverstanden sein können, weil sie unseren Plänen zuwiderlaufen.

Es ist eine alltägliche Erfahrung, dass meine Wünsche und die der anderen nicht immer optimal zusammenpassen. Habe ich zum Beispiel einen Traumpartner für mich ausgemacht, dann kann ich zwar hoffen, aber nicht damit rechnen, dass ich auch der Traumpartner meines Traumpartners bin. Oft ist bei einem unglücklichen Ausgang einer solchen Situationen der einzige Trost, dass auch der potenzielle Traumpartner nicht das bekommt, was er sucht.

Unsere wichtigsten Entscheidun-
gen betreffen andere Menschen,
und die haben nicht selten
andere Prioritäten als wir.

Würde eine höhere Macht versuchen, sämtlichen Menschen ihre sehnlichsten Wünsche zu erfüllen, müsste sie daher schnell aufgeben. Da will einer mit dem anderen, dieser aber nicht mit ihm; Kinder wünschen sich einen Hund, das kommt aber für die Eltern nicht infrage; der Traum eines Mannes ist, für ein bestimmtes Unternehmen zu arbeiten, doch die Geschäftsführerin hat keinen Bedarf. Die meisten wollen dort leben, wo schon andere sind, und natürlich soll es in den Ferien zu den angesagten Zielen gehen – wo aber schon jede Menge andere am Strand entlangspazieren.

Selbstverständlich braucht es Wünsche, damit man überhaupt einen Grund hat loszulegen, und es wäre albern, sich von den kleinsten Widerständen sofort entmutigen zu lassen und seine Unternehmungen aufzugeben. Doch wer immer das Beste will, wird merken, dass sich eine Menge Hindernisse zwischen ihm und dem Besten auftürmen, und zwar umso mehr, je hartnäckiger man sein Ziel verfolgt. Irgendwann mag man sich für nichts und niemanden mehr entscheiden, weil das Vorhandene den Ansprüchen einfach nicht genügt.

Die Frau, die zwar nett ist und auch charmant und intelligent, hat für meinen Geschmack zu dicke Schenkel. Der Mann, der ganz gut aussieht und auch nicht doof ist, hat leider nicht die gleichen Interessen wie ich. In dem Unternehmen, in dem ich arbeite, sind die Kollegen supernett, aber die Aufgaben nicht abwechslungsreich genug. Das Hotel mitten in der Altstadt ist zu laut, die Kinder sind auf der Fahrradtour zu langsam, der Salat ist zwar gesund, aber das Nudelgericht in Sahnesoße leckerer.

Der Anspruch, das Beste zu wollen, hat ganz direkte Auswirkung auf mein Verhältnis zur Welt. Sie wird mir feindlich vorkommen, weil sie mir partout nicht geben will, wonach es mich verlangt. Alles, was dann von meinen Vorstellungen abweicht, wird als Einschränkung meiner selbst gedeutet, sodass meine Suche nach dem, was zu mir passt, immer aufwendiger wird.

Befeuert durch die ewigen Aufforderungen, sich nicht mit dem Mittelmäßigen zufriedenzugeben, hat die Suche nach dem Besten längst eine gesellschaftliche Dimension erreicht. So zeigt eine Studie der Bundesagentur für Arbeit von 2017, dass Unternehmen heute fast doppelt so viel Zeit brauchen, um eine freie Stelle zu besetzen, wie noch vor sieben Jahren. Waren es 2010 noch durchschnittlich 57 Tage, sind es im Jahr 2017 schon 102 Tage. Auch die Anzahl der eingeladenen Kandidaten hat sich erhöht. Trotzdem oder gerade deswegen bleiben nicht wenige Stellen am Ende sogar unbesetzt. Welcher Arbeitssuchende kann drei Monate auf eine Entscheidung des Unternehmens warten, bei dem er oder sie sich beworben hat?

Wie irre diese Ansprüche an die Welt geworden sind, zeigt sich auch in den Werbevideos für Indienreisen einer Akademie für Persönlichkeitsentwicklung. In einem dieser Werbeclips ist eine junge blonde Frau zu sehen, die durch Indien reist und überall von dunkelhäutigen Menschen wie eine Königin empfangen wird. Feinste Düfte und Stoffe werden ihr vorgeführt. Streichelt sie ein Tier oder probiert Köstlichkeiten, stehen stets Menschen um sie herum und schauen ihr gebannt zu. Während sie sich an verschiedenen Orten amüsiert, wird immer wieder das Bild eines alten Mannes gegengeschnitten, der über ein Stück Stoff gebeugt an einem komplizierten Muster stickt. Der Clip gipfelt dann in der Szene, in der der blonden Frau ein rauschendes Fest bereitet wird, an dem sie um ein großes Feuer herumtanzt, während alle anderen sich dezent im Hintergrund halten. Auf dem Höhepunkt ihrer einsamen Ekstase erscheint ein Gast, es ist der alte Mann, der ihr mit großer Ehrerbietung ein Geschenk überreicht – das Kleidungsstück, an dem er während ihrer langen Reise über Tage gestickt hat. Der Abbinder dieses Films lautet entsprechend der Geschichte auch nicht »Entdecke die Magie Indiens«, sondern »Discover the incredible you«.

Besser als dieser Clip kann man nicht auf den Punkt

bringen, wie sich die Erwartungen verändert haben: Nicht die Welt und die anderen will ich entdecken – sondern mich. Alle anderen sollen mir dabei höchstens behilflich sein, und manchen erscheint es nicht einmal vermessen, sich vorzustellen, dass gleich ein ganzes Land oder ein ganzer Kontinent bereitwillig ihrer Selbstfindung dient. Was andere wollen und brauchen, scheint dabei keine Rolle mehr zu spielen.

Dass man auf diese Art gar nicht mehr finden *kann*, was man sucht, wird vielen trotz ihrer Rückschläge nicht bewusst. So verlieren gerade die Unternehmen die besten Fachkräfte, die auf dem Arbeitsmarkt zu haben sind, weil sie Bewerber nicht haben wollen, da sie »nur« sechzig oder siebzig Prozent der geforderten Qualifikationen aufweisen. Im Berliner Bezirk Kreuzberg-Neukölln haben sich die Mitglieder eines Wohnprojektes so heillos zerstritten, dass sie nur noch über ihre Anwälte kommunizieren. Ursprüngliche Idee war, gemeinsam eine Immobilie zu einem Mehrgenerationenhaus zu entwickeln, um in einer funktionierenden Gemeinschaft zu leben. Nachdem die mühevolle Grundstücks- und Immobiliensuche erfolgreich abgeschlossen, die Banken überzeugt und der Architekt gefunden war, zerbröselte alles an den Detailwünschen der Immobilienbesitzerinnen in spe. Denn leider konnten die meisten nicht von ihren Vorstellungen der idealen Wohnung abrücken. Manche Parteien wollten die Badezimmer an einer anderen Stelle haben als die Nachbarn über und unter ihnen, andere begehrten schattenwerfende Balkone und Terrassen, und wiederum andere eine fantasievoll gestrichene Außenfassade und Mülltonnenhäuschen. Dass es bei dem ganzen Projekt aber nicht um die perfekt ausgestattete Wohnung gegangen war, sondern um die Idee, auf eine andere, bessere Weise zusammenzuleben, war inzwischen völlig vergessen worden.

Wer vergisst, dass andere Menschen einen bereichern, wird ständig das Gefühl haben, ihretwegen verzichten zu müssen.

Wer nicht das bekommt, was er sich wünscht, empfindet irgendwann Scham oder Wut – je nachdem, wem er die Schuld an seinem Dilemma gibt. Dabei ist verrückterweise jeder das Opfer des anderen. Wenn der andere nicht wäre, könnte ich Bad und Balkon da hinbauen, wo ich will; wenn die anderen anders wären, könnte ich mich endlich mal wieder verlieben, Spaß haben und am Strand alleine sein und im Hafenrestaurant am Abend dann wieder in bester Gesellschaft. Wenn ich nicht arbeiten müsste, um Geld zu verdienen, hätte ich endlich Zeit, mir zu überlegen, was ich beruflich wirklich machen will. Das Verrückte ist also, dass mir die Welt nicht reicher, sondern ärmer erscheint, wenn ich etwas von ihr will. Die Welt hat natürlich auch keinerlei Ambitionen, etwas daran zu ändern, denn ihr sind meine Wünsche herzlich egal. Auch die Gesellschaft schuldet mir nichts, außer das Zusammenleben zu organisieren. Und zwar möglichst so, dass man die Leute zu ihren Aufgaben nicht hinprügeln muss, sondern sie sich irgendwie anders motivieren lassen. Es wäre nämlich gut, wenn Busfahrer auch dann ihrer Arbeit nachgingen, wenn sie mal keine Lust haben, oder Ärztinnen mich auch dann operieren, wenn es keine »irre Herausforderung« mehr für sie darstellt. Und selbstverständlich gehen mich wiederum auch deren Bedürfnisse etwas an, es sollte mir also nicht gleichgültig sein, wie Busfahrer bezahlt werden und wie viele Überstunden Krankenhausärzte leisten müssen. Menschen, die sowohl beruflich als auch privat nach der bestmöglichen Entscheidung suchen, werden u. a. in der Verhaltenspsychologie als Optimierer oder Maximierer bezeichnet, während die, die es sehr schnell gut sein lassen mit dem ewigen Überlegen, Satisficer heißen. In der Praxis bedeutet das, dass ein Optimierer oder eine Optimiererin stets sucht, was zu ihm, beziehungsweise zu ihr passt: einen Beruf, der genau der eigenen Persönlichkeit entspricht und in dem er oder sie Herausragendes leisten kann. Haben Optimierer das Gefühl, am falschen Platz zu sein, werden sie unglücklich, da das ja bedeutet, dass sie dort gezwungenermaßen unter ihren Möglichkeiten bleiben. Die Satisficer dagegen wissen oder glauben, dass viele Berufe für sie infrage kommen, das heißt, dass sie sich eigentlich fast überall nützlich machen können, wenn sie sich einigermaßen anstrengen. Studien zeigen nun, dass die Satisficer nach Entscheidungsprozessen aller Art, also von Konsumentscheidungen bis zur Partnerwahl, weitaus zufriedener sind als die sogenannten Optimierer. Laut diesen Studien »zeigten die Satisficer größeren Optimismus, höhere Selbstachtung und Lebenszufriedenheit, während die Maximierer bei Depressionen, (...) Reue und Selbstvorwürfen vorne lagen«.

Je weniger man also überlegt und auf dem beharrt, was das Optimum wäre, desto glücklicher ist man offensichtlich mit seinem Leben, selbst wenn man weiß, dass man in vielem eine bessere Wahl hätte treffen können. Das könnte auch daran liegen, dass Satisficer für ihre Umgebung verträglicher sind – erstens, weil sie Kompromisse eingehen können, und zweitens, weil sie nicht jedem das Gefühl geben, eigentlich nicht gut genug für sie zu sein.

Sich nützlich zu machen, ist im Zweifelsfall besser, als seine Träume zu verwirklichen.

Das alles und noch viel mehr könnte man in Cavill-Proto-1 hineinprogrammieren, um ihn entscheidungsfreudiger zu machen. Ganz wichtig ist auch der Tipp, einfach die Gelegenheiten zu ergreifen, die einem zufällig über den Weg laufen. Und sich die Freunde und Liebhaber aus dem Kreise derer zu wählen, die sich für ihn interessieren, also verfügbar sind. Und dass kein Badezimmer es wert ist, sich die schöne Lebensgemeinschaft zu ruinieren. Freude an der Traumwohnung, am Traumjob oder der Traumreise kann man sowieso nur empfinden, wenn man Menschen hat, die sich mit einem mitfreuen. Die wiederum wollen um ihrer selbst willen in der offenen Traumküche am perfekt gedeckten Tisch sitzen und nicht, um eben genau diese Funktion auszufüllen. Um das zu erreichen, muss man ihnen ganz unschuldig, das heißt ohne Hintergedanken, begegnen. Vergessen,»dass man der Durchschnitt der fünf Menschen ist, mit denen man sich umgibt« (wie einst der Unternehmer und Motivationstrainer Jim Rohn warnte und daher empfahl, sie sich sorgfältig auszusuchen), sie also nicht ständig auf den Prüfstand stellen, indem man sich nach jeder Begegnung mit ihnen fragt, ob man sich auch wirklich»reicher« fühlt als vorher. Denn man will sich doch darauf verlassen können, dass sie nicht ebenfalls nach jedem Treffen ihre Checkliste herausholen.

Wer Freunde hat, braucht nicht so viele Chancen.

Doch was ist zu tun, wenn man mit den Menschen und den Gelegenheiten, die einem über den Weg laufen, nicht zufrieden ist? Wie schaffen es die Satisficer – ohne großes Nachdenken –, genau die Kompromisse einzugehen, die die kleinstmögliche Reue und die wenigsten Selbstvorwürfe nach sich ziehen. Also nicht jeden Kompromiss als Kränkung zu empfinden? Könnte es sein, dass die Satisficer und Satisficerinnen schon von vornherein ahnen oder wissen, dass sie auf etwas verzichten, was sie sowieso nicht wirklich haben wollen?

6
WER DIE REUE BESIEGT

Ein Trick mit Nebenwirkungen

Was man voll und ganz will, hat man schon längst über.

Sie verlassen Ihre Wohnung, um das Kind vom Kindergarten abzuholen, doch Sie kommen nicht weit. Plötzlich springt im Treppenhaus ein Mann auf sie zu, schwarz maskiert und mit einer Waffe in der Hand. Was will der Mann, Geld? Sie haben keines, jedenfalls nicht so viel, dass die Summe einen Überfall rechtfertigt. Was haben Sie sonst noch zu bieten, das Sie gegen Ihr Leben eintauschen könnten? Sie brauchen nicht weiter zu rätseln, denn der Angreifer erklärt Ihnen, was es mit diesem Überfall auf sich hat: Von heute an sollen Sie alles, was Sie tun, als vorbildlich darstellen. In jedem Kontakt mit einem anderen Menschen, sei es der Partner, die Arbeitskollegen oder die Freunde, werden Sie erklären, warum Ihre Entscheidungen absolut nachahmenswert sind, ER wird von nun an in Ihrer Nähe stehen und Ihre Bemühungen überwachen. Tun Sie nicht, was ER von Ihnen verlangt, werden Sie erschossen. Eine absurde Forderung, noch absurder die Konsequenz. Sie wollen nachfragen, wie Sie sich das vorzustellen haben, doch der Mann ist schon weg.

Als Sie sich auf der Straße umschauen, sehen Sie ihn jedoch vor der Änderungsschneiderei stehen. Der Mann folgt Ihnen! In die Straßenbahn scheint ER aber nicht mit eingestiegen zu sein, denn im Waggon können Sie ihn nirgendwo entdecken, und fast sind Sie gewillt, das eben Erlebte als einen makabren Irrtum aufzufassen, doch als Sie ein paar Stationen später aussteigen, ist ER wieder da.

Die wenigen Schritte zum Kindergarten legen Sie im Dauerlauf zurück, dieser merkwürdige Zwischenfall hat Ihren Zeitplan durcheinandergebracht, die Kindergärtnerin steht mit Ihrem verheulten Kind in der Tür, ihr Blick ist vorwurfsvoll. »Sie sind zu spät«, sagt die Frau überflüssigerweise, Sie entschuldigen sich: »Verzeihen Sie bitte, mir ist etwas dazwischengekommen.« Da steht ER ganz nah am Zaun, fasst mit der Hand an seine Hüfte, dorthin, wo, wie Sie vermuten, die Waffe sitzt, die er vor einer Viertelstunde noch auf Sie gerichtet hat. Der Schweiß bricht Ihnen aus, fieberhaft überlegen Sie, was um Gottes Willen vorbildhaft am Zuspätkommen ist? Selbst Ihr Kind merkt, dass mit Ihnen etwas nicht stimmt, und schaut Sie neugierig an. »Wissen Sie«, sagen Sie zur Kindergärtnerin in festem Ton, »in der Ruhe liegt die Kraft. Ich glaube, es ist wichtiger, dass ich trotz Feierabendverkehr gelassen bleibe, als mich stressen zu lassen, um ein paar Minuten zu sparen.«

Dann schnappen Sie Ihr Kind und ziehen es hinter sich her, der schwarze Schatten verschwindet im nahe liegenden Park. Sollen Sie zur Polizei gehen? Wer wird Ihnen diese Geschichte glauben?

Eine Freundin ruft an, Sie wollen von Ihrem Erlebnis erzählen, doch Sie kommt auf ein Gespräch zurück, das Sie letzte Woche mit ihr geführt haben, Sie hatten sich über Ihren Partner beschwert, worüber im Einzelnen haben Sie im Moment vergessen, aber Ihre Freundin weiß es noch ganz genau: »Wenn mein Partner mich so behandeln würde, hätte ich ihn schon längst verlassen!«, behauptet sie. Wie kommt es, dass ausgerechnet jetzt die Fensterfirma Ihre Fenster putzt, und wie ist es möglich, dass der Fensterputzer Ihr schwarzer Verfolger ist? Kann er hören, was Sie in Ihrem Wohnzimmer sagen? Sie riskieren nichts: »Wie kommst du darauf, dass ich Marlon verlassen will? Ich gehöre zu den Menschen, die wissen, wie wichtig es ist, gerade *dann zu seinem Partner zu stehen, wenn es mal nicht so läuft, wie man es sich vorstellt.«Die Freundin ist überrascht, aber so leicht lässt sie sich nicht ins Bockshorn jagen.»Na ja, du beschwerst dich aber schon ziemlich lange über deinen Kerl und zwar immer wieder über das Gleiche.«»Weil ein Mensch Fehler hat, ist das noch lange kein Grund, aufzugeben. Als wenn du keine hättest.« Angriff ist die beste Verteidigung, denken Sie, und tatsächlich, die Freundin ist beleidigt und legt auf. Am nächsten Tag auf der Arbeit können Sie sich im Meeting kaum konzentrieren, prompt spricht Sie ein Kollege in der Kaffeeküche darauf an.»Ich fand das ziemlich ungeschickt von dir, dem Kunden zu verraten, dass wir noch keine gute Idee haben, wie wir sein Problem lösen können.« Der Schatten im Flur erinnert Sie daran, wie Sie zu reagieren haben:»Wenn du meinst, dem Kunden nach dem Mund reden zu müssen, kannst du das gerne so machen. Ich allerdings bin der Auffassung, dass es sich am Ende bezahlt macht, wenn man offen sagt, wie der Projektstand ist.« Erstaunt zieht sich der Kollege zurück, so angriffslustig kennt er sie nicht. Auch am Nachmittag nimmt man Ihre neue forsche Art zur Kenntnis, die schreckliche Kollegin aus dem dritten Stock gibt mit ihrer letzten Asienreise an.»Es ist doch wichtig, die Komfortzone zu verlassen und sich auf neue Menschen und Erfahrungen einzulassen«, kommentiert sie die Fotos auf ihrem neuen weißen Smartphone. Das können Sie so nicht stehen lassen, Sie sind hier das Vorbild und Sie haben es noch nie nach Asien geschafft, dafür muss es einen Grund geben:»Ich persönlich mache überhaupt keine Fernreisen, das halte ich für unverantwortlich. Keine Erfahrung, die man eventuell am anderen Ende der Welt machen könnte, rechtfertigt den CO_2-Abdruck.« Kein Kollege widerspricht, und tatsächlich, auch Ihr schwarzer Schatten ist zufrieden, er nickt, bevor er Richtung Fahrstuhl verschwindet.*

Sie lernen schnell, dass Sie umso mehr Eindruck machen, je radikaler Sie Ihr Verhalten begründen. Jedes »Vielleicht« schwächt dagegen das Gesagte ab und ruft nur unnötige Widerrede hervor. Als Sie Ihrem Nachbarn die Meinung geigen, als er Sie daran erinnert, dass man Fahrräder nicht im Hausflur abstellt, stellen Sie fest, dass Ihnen das Ganze Spaß macht. Sie wollen das mit demjenigen teilen, dem Sie das alles zu verdanken haben, drehen sich um und zwinkern Ihrem Verfolger zu; Sie sehen natürlich nicht, ob er zurückzwinkert, denn er trägt ja eine Maske, aber das ist im Grunde auch egal, Sie haben sowieso keine Angst mehr vor ihm. Sie sind ein Mensch geworden, dem man gerne zuhört, denn Sie haben zu allem etwas zu sagen, wie man kocht, wie man die Kinder erzieht, was man als moderner Mensch tut beziehungsweise lässt – Sie wissen Bescheid. Dabei vollbringen Sie keine Höchstleistungen, Sie sind einfach ein ganz normaler Mensch, der weiß, was er tut. Sie haben eigene Werte, ohne dogmatisch zu sein, und das macht Sie stark. Sie müssen nicht immer auf andere schielen, um zu entscheiden, was Sie tun sollen, und auch, wenn Ihnen Fehler unterlaufen, sind Sie nicht zu verunsichern: Denn, wie Sie selbst immer wieder betonen, es ist weniger wichtig, wie ein Mensch mit seinen Stärken umgeht, als vielmehr, wie er mit seinen Schwächen und Fehlern fertigwird.

Weil Sie einfach in allem die richtige Balance zu finden scheinen, fragt man Sie bald auch außerhalb Ihres Bekanntenkreises um Rat. Sie sind ein Vorbild für viele: Sie konsumieren wenig, lassen sich trotzdem nicht jeden Spaß vermiesen, Sie verdienen nicht zu viel, aber auch nicht zu wenig, Ihre Kinder werden erzogen, aber nicht gedrillt, ja, jeder, der mit Ihnen zu tun hat, merkt sofort, dass alles, was Sie sagen und tun, Hand und Fuß hat. Nur wenige Monate später hört man Ihre wertvollen und lebenspraktischen Tipps im Radio, dann Ihre erste Einladung in eine Talkshow, in der man Sie als Alltagsphilosophin vorstellt. Sie kündigen, schreiben einen Blog, werden aus dem Ausland angefragt, Sie erhöhen die Preise für Ihre Seminare und Auftritte, der schwarze Mann ist längst verschwunden, es ist Ihnen gar nicht aufgefallen, es ist auch egal, Sie sind ein Guru.

WER SIE VERSTEHT, VERACHTET SIE

Wann kommt der Tag, an dem ich keine faulen Kompromisse mehr eingehen muss? Hoffentlich nie!

Der schwarz maskierte Mann wusste offensichtlich Bescheid: Es kommt gar nicht darauf an, *was* man tut, sondern *wie* man das, was man tut, geschickt verkauft. Man kann seine Entscheidungsschwierigkeiten also deutlich minimieren, indem man beschließt, die Resultate der Entscheidungen niemals als Niederlage zu sehen, ganz egal, wohin sie auch führen. Ein wunderbarer Trick, denn niemand kann das gleiche Leben zweimal leben, ergo gibt es auch keinen direkten Vergleich. Keiner kann Ihr Narrativ als Anmaßung enttarnen, und im Grunde klappt ja auch alles: Sie meistern Ihren Alltag (für unerwartete Zwischenfälle kann niemand etwas), und außerdem sind Sie ja nicht für alles verantwortlich, was in dieser Welt geschieht. Natürlich kann man sich immer noch mehr anstrengen und noch geschickter agieren, aber für keine Chance dieser Welt würden Sie Ihre neue souveräne Haltung aufgeben. Denn jeder, der sich sicher fühlt, macht Eindruck in dieser uneindeutigen Welt. Wer die Reue besiegt, dem kann nichts und niemand mehr etwas anhaben.

Die souveräne innere Haltung ist es, die einem Tür und Tor zum Leben öffnet. Nur wie erlangen?

Menschen mögen nämlich keine Uneindeutigkeit. Nur blöd, dass die meisten unserer Bedürfnisse widersprüchlich angelegt sind: Wir wollen unabhängig sein, brauchen trotzdem Hilfe; wollen geliebt werden, uns dafür jedoch nicht vollkommen aufgeben; wünschen uns Sicherheit, sehnen uns gleichzeitig nach Überraschungen und wollen tun, was wir wollen, aber dennoch nicht immer alles allein entscheiden müssen. Wie dem allem gerecht werden? Sollte doch einmal für einen wunderbaren Moment alles hundertprozentig passen, dann ist er auch schon wieder vorbei. Auch Uneindeutigkeit ist allerdings eine Frage der Perspektive. Wer gerne Horror- oder Abenteuerfilme schaut, der weiß: Katastrophen machen die Welt in Nullkommanichts wunderbar eindeutig. Denn nun wird einem klar, wie schön und heimelig das Leben eigentlich ist – allein schon deswegen, weil da draußen keine Zombies herumlaufen oder Killerbakterien die Menschheit auslöschen. Und auch Held oder Heldin schwören sich kurz vor ihrer Entscheidung zur nahezu aussichtslosen Rettungsaktion, nie wieder an ihren Liebsten herumzumeckern, wenn sie nur unbeschadet aus dem Dschungel, dem Weltall oder der Zukunft zu ihnen zurückfinden. Anderen genügt von Zeit zu Zeit ein mittelschwerer Migräneanfall, um eine Auszeit von der Uneindeutigkeit der Welt zu erleben, nach der man sich freut, die hundert angestauten E-Mails im Büro wenigstens wieder schmerzfrei lesen zu können.

Aber nicht alle schauen gern Horrorfilme oder haben Migräne – daher suchen die Menschen nach anderen Möglichkeiten, um sich von ihren Zweifeln zu erlösen. Und zwar endgültig.

Es gibt Menschen, die tatsächlich den Eindruck erwecken, als hätten sie die Ambivalenz des Lebens überwunden und könnten anderen Menschen dabei helfen, dies ebenfalls zu tun. Der Befreiungsschlag vom ewigen Hin- und Hergerissensein muss, so sind sich Berater und Gurus einig, natürlich von uns selbst kommen. *Befreie dich von der Beziehung, die dir nicht mehr guttut, bleibe nicht stecken in einem Job, der dich nur noch zermürbt, beende die Beziehungen zu Menschen, die dich mit ihrer Negativität herunterziehen* – es klingt tatsächlich so, als müsse man sich nur einen kleinen Ruck geben und sich entscheiden, die unerfreuliche Situation zu beenden, und die Angelegenheit wäre ein für alle Mal erledigt.

Das Märchen, dass einen nur Feigheit und mangelnde Konsequenz in der Ambivalenz gefangen halten, können eigentlich nur diejenigen glauben, die niemals einen solchen Befreiungsschlag versucht haben. Jeder, der einmal alles hingeworfen und ein veganes Café auf einer griechischen Insel eröffnet hat oder Yogalehrer geworden ist oder versucht hat, aus der EU auszutreten, wird unweigerlich festgestellt haben, dass nach der Freudenfeier mitnichten »alles schön« war, sondern er nach wie vor mit dieser Welt mit all ihrem Verdruss, Ärger und ihrer Langeweile fertigwerden muss. Auch auf einer Ferieninsel gibt es Routine, auch neue Freunde haben ihre Fehler. Und so mancher hat sich sein liebstes Hobby verleidet, indem er es zum Beruf gemacht hat.

Auch in Yogaschulen kommt der Steuerprüfer, und auch außerhalb der EU gibt es Probleme.

Glaubt man aber denen, die Erlösung aus der Uneindeutigkeit versprechen, dann liegt unser Verdruss über die Rückkehr des Alltags nur daran, dass unsere Befreiungsschläge halbherzig waren. Da will man seinen guten Job in Karlsruhe nicht hinwerfen, die Kinder nicht in einem Surferparadies aufwachsen lassen und für eine fragwürdige Liebschaft aus dem gemütlichen Eigenheim ausziehen – und schon ist es passiert: Man macht Kompromisse! Mit diesen Kompromissen verwässern wir unsere schöne Entscheidung, bis sie so verstümmelt ist, dass aus ihr natürlich nichts Gutes mehr entstehen kann. Doch kompromisslos entscheiden kann man leider genauso wenig wie ein gottgefälliges Leben führen. Denn so wie kein Mensch ohne Sünde ist, so gibt es eben auch keine einzige Entscheidung – egal wie verrückt und radikal –, die ohne Kompromisse wäre. Das kann man manchmal vergessen, wenn man selbst auf Teebeuteln, Duschgels und Zuckerportionstütchen dazu aufgefordert wird, ein kompromissloses Leben zu führen.

Aber es gab sie doch schon in unserem Leben, die Momente, die sich eindeutiger anfühlten, in denen man nicht nur spürte, was man wollte, sondern auch bereit war, für diesen Wunsch alles stehen und liegen zu lassen. Eine neue Aufgabe, eine neue Stadt, eine neue Liebe – plötzlich war es ein Leichtes, sich für das Richtige zu entscheiden. Kein Wunder, dass man sich nach starken Gefühlen sehnt und nicht immer warten mag, bis sie von alleine kommen. Jeder erfolgreiche Verkaufstrainer oder Coach wird daher sein Publikum an diese starken Gefühle erinnern. Denn nur in dieser Gefühlslage, so die These, hat man endlich den Mut, sich für das zu entscheiden, wofür man sich eigentlich schon lange entschieden hat. Sehr selten wird jedoch die

Frage gestellt, warum der Mut bisher fehlte. Denn vielleicht fehlte er ja zu Recht? Extreme Gefühle können durchaus das Entscheiden erleichtern, aber auf die Dauer erschweren sie es. Denn für die Entscheidungsfindung brauchen wir nicht nur die seelischen Paukenschläge, sondern auch die Zwischentöne. Dass diejenigen, die ihre Ängste und Zweifel nicht ernst nehmen, es schwer haben mit Entscheidungen, sollte eigentlich jedem einleuchten. Nur mit einem guten Zugang zu den schwierigen und schmerzhaften Gefühlen, so schreibt auch die Harvard-Psychologin Susan David in ihrem Buch *Emotional Agility*, erhalte man wichtige Informationen über seine Werte und Potenziale. Und genau die braucht man natürlich, um wichtige Entscheidungen zu treffen. Nur wer bei seinen Entscheidungen seine ganze Persönlichkeit mit einbezieht, wird am Ende das Gefühl haben, dass es einigermaßen passt.

Warum schreit eigentlich kein Motivationstrainer von einer Bühne ins Publikum: »Sitz auf dem Sofa, trink dein Bier, glotz die Wand an, vertraue deinen Ängsten – egal, was die anderen sagen!« Zählen denn diese Bedürfnisse gar nichts?

Ständig extremer fühlen und intensiver leben zu wollen, bringt einen nicht näher zu seinen wahren Bedürfnissen, sondern immer weiter weg. Denn nicht alle Bedürfnisse sind uns gleich lieb, nicht jedes Bedürfnis mag man stolz vor sich hertragen, nicht alle unsere Bedürfnisse gereichen uns zur Ehre. Und trotzdem sind sie da. Sie nicht zu beachten, kann zu Fehlentscheidungen führen. So haben Schweizer Psychologen herausgefunden, dass das wichtigste Kriterium für die Arbeits- und Lebenszufriedenheit für die meisten Menschen ein kurzer Weg zur Arbeit ist. Diese

Erkenntnis wurde in mehreren Studien von deutschen Krankenkassen bestätigt. Der positive Aspekt eines kurzen Arbeitsweges ist auch nicht durch den spannenderen Job oder ein höheres Gehalt aufzuwiegen. Würde man aber die Menschen direkt befragen, würden die wenigsten von sich selbst behaupten, dass ihnen Bequemlichkeit wichtiger ist als die Karriere. Denn Bequemlichkeit ist nicht gerade angesagt. Was man aber nicht fühlen darf, kann man kaum in seine Entscheidung mit einbeziehen.

Woher können andere Menschen überhaupt wissen, dass unsere größten Wünsche *eindeutig* schwerer wiegen als unsere Trägheit? Dass es wichtiger ist, Herausforderungen anzunehmen, als auf unsere Bedenken zu hören? Dass wir besser unserer Neugier folgen sollen als unseren Ängsten? Das ist das Paradox der Ermutigung, dass wir am Schluss nicht mehr wissen, ob der Wunsch, unsere Ängste und unsere Bequemlichkeit zu überwinden, unser eigener ist, oder ob wir das nur wollen, weil wir glauben, dass andere es von uns erwarten. Irgendwann sind wir so verwirrt, dass wir auf die Idee kommen, immer gerade dann auf dem richtigen Weg zu sein, wenn es sich für uns besonders unangenehm anfühlt. Es also für eine prima Idee halten, wenn wir uns trennen, bevor wir dazu bereit sind; Herausforderungen annehmen, nur um zu beweisen, dass wir nicht feige sind; Sicherheiten und Gewohnheiten aufgeben, die wir uns so schnell nicht wieder erarbeiten können.

Das Ermutigungsparadox: Auf wessen Stimme höre ich, wenn mir jemand empfiehlt, auf meine eigene Stimme zu hören?

127

Die Sehnsucht nach starken, das heißt eindeutigen Gefühlen, lässt sich zuverlässig aktivieren, dabei braucht man nicht besonders geschickt oder subtil vorzugehen. Die Sehnsucht ist so groß, dass keine Plattitüde zu platt und kein Klischee zu banal ist, um etwas in unserer Seele zum Klingen zu bringen. Fast jeder fühlt sich ertappt, wenn man sich bei ihm erkundigt »was bloß aus all seinen Träumen geworden sei« oder »wie es habe passieren können, dass er oder sie sich in der Mittelmäßigkeit verloren habe«. Schreibt einer in seinem Blog »dass die beste Zeit in unserem Leben bloß noch der Feierabend ist, an dem wir mit den Kollegen Prosecco oder Bier in uns hineinschütten, um die Mühsal des Tages zu vergessen«, werden nicht wenige Leser denken: Genau so ist es! Und mit der Frage, »was mit dem leidenschaftlichen Menschen geschehen ist, der einmal in sein Tagebuch geschrieben hat, dass er die Welt erobern will?«, kann man eigentlich jeden zuverlässig in eine melancholische Stimmung bringen.

Dass diese und ähnliche Fragen und Behauptungen immer wieder ins Schwarze treffen, ist aber kein Zeichen für die in uns verborgenen Wahrheiten, die sie zutage fördern, sondern ein sogenannter Bestätigungsfehler. Der Kognitionspsychologe und Nobelpreisträger Daniel Kahnemann nennt dieses Phänomen eine Fokussierungsillusion und fasst es mit folgendem Satz zusammen: »Nichts im Leben ist so wichtig, wie man glaubt, wenn man gerade daran denkt.«

In vielen, sehr unterschiedlichen Studien, in denen Teilnehmer aufgefordert wurden, sich an bestimmte Ereignisse in ihrem Leben zu erinnern, konnte festgestellt werden, dass die Gesamtbeurteilung ihres Lebens davon abhing, ob dies positive (Heirat, Autokauf, Urlaub) oder negative Erlebnisse (Unfall, Verlust von Arbeitsplatz oder geliebten Menschen) waren. Das ist keine große Überraschung und leicht zu erklären. Durchsucht man beispielsweise sein Gedächtnis gezielt nach Situationen, in denen man Hilfsbereitschaft und Freundlichkeit erfahren hat, werden einem genau solche Situationen präsenter sein als andere. Ruft man sich dagegen all die Momente in Erinnerung, in denen man verraten und im Stich gelassen wurde, so kann man fälschlicherweise zu der Überzeugung gelangen, dass den Menschen nicht zu trauen ist. Und natürlich werden mir, wenn ich auf der Website eines Life-Coachs die rhetorische Frage lese, ob ich diese Wochenenden kenne, an denen ich »*vollmundig verkünde, dass ich bald den Job hinwerfen und anschließend etwas ganz anderes machen werde, nur um am Montag wieder brav zur Arbeit zu gehen*«, prompt die Wochenenden einfallen, an denen ich das tatsächlich mal getan habe. Diese Wochenenden sind dann im Gegensatz zu den Wochenenden, an denen ich mich NICHT über meine Arbeit beklagt habe, im Gedächtnis überrepräsentiert.

Tipp: Fokussierungsillusionen kann man
sich zunutze machen.

Den Effekt, dass – je nachdem, woran ich
denke – bestimmte Erinnerungen in meinem
Bewusstsein überrepräsentiert sind, kann
man sich, so Daniel Kahnemann, zunutze
machen. Um sich zum Beispiel in eine positive Stimmung zu bringen, genügt es, sich
bewusst an positive Situationen zu erinnern, denn dann werden im Gedächtnis automatisch weitere positive Erinnerungen und
Gefühle aufgerufen. Diese Technik funktioniert auch besser als das Positive Denken, bei dem man den Glauben an sich selbst
und das Vertrauen in die Zukunft durch
Wiederholung eines Mantras eigenhändig
»erzeugen« soll – was dann in den meisten
Fällen das von Mark Manson beschriebene
»Feedback of Hell« nach sich zieht (siehe
Kapitel 2).

Durch diesen Bestätigungsfehler entfalten bestimmte Aussagen ihre Wirkung, sogar wider besseres Wissen und
gegen unseren Willen. Besonders perfide wirken Bilder, in
denen das schöne Leben gegen unseren Alltag ausgespielt
wird. Es sind künstliche Gegensätze, die dort aufgebaut
werden, aber da wir alle entsprechende Erinnerungen haben, an die diese Bilder anknüpfen, scheinen sie uns eine

treffgenaue Beschreibung unserer Situation zu sein: Früher hatten wir Wünsche und Leidenschaften und wunderbare Pläne. Und was ist heute? Heute regen wir uns über Kleinigkeiten auf, einen Strafzettel zum Beispiel oder über die kaputte Waschmaschine und die blöde Kollegin. Zerreißen uns zwischen Job, Haushalt und sozialen Verpflichtungen, und am Abend fallen wir ins Bett, zu erschöpft, um uns noch zu fragen, warum wir das überhaupt machen. Da haben wir keine Zeit, einfach mal das zu tun, was uns glücklich macht, uns um uns selbst zu kümmern, anstatt immer nur um andere. Wer sich von solchen Aussagen angesprochen fühlt, muss sich nicht schämen, aber sein Leben ändern muss er auch nicht. Denn wenn man diese Sätze einmal ganz emotionslos unter die Lupe nimmt, verlieren sie sehr schnell ihren Zauber.

Der Trick der künstlichen Gegensätze ist bestimmt nicht einmal denen bewusst, die ihn anwenden. Jeder weiß natürlich ungefähr, was Janis Joplin gemeint hat, als sie sagte: »Lieber sind mir zehn exzessiv ausgekostete Jahre, als mit siebzig in irgendeinem verdammten Sessel zu hocken und auf den Fernseher zu starren.« Man kommt sich ein wenig kleinkariert vor, wenn man dieses Zitat auseinandernimmt, und doch ist das vonnöten, wenn diese Aussage als Empfehlung verstanden wird und nicht als eine Charakterbeschreibung der Sängerin. Die berechtigte Frage ist nämlich, ob die zehn exzessiven Jahre wirklich »ausgekostet« wurden und nicht etwa auch ihre schrecklichen oder langweiligen Seiten hatten. Darüber hinaus sollte man überlegen, was so schlimm daran ist, mindestens siebzig Jahre zu leben und ob der Sessel nicht vielleicht ein ganz bestimmter, nämlich mit Liebe ausgesuchter ist, in dem man nicht »hockt«, sondern sehr gemütlich sitzt. Und nicht alle, die ab und zu Fernsehen schauen, sind innerlich hohl und leer und wissen sonst nichts mit sich anzufangen.

Weil in unserem Alltag Situationen aller Qualitäten vorkommen, also lustige, befriedigende, schöne, traurige, langweilige und stressige, ist es kein Wunder, dass man uns mit entsprechenden Bildern und Geschichten an alle möglichen Situationen erinnern kann. Es wäre pubertär, diese momentanen Gefühle absolut zu setzen und sie für eine adäquate Beschreibung unseres Lebens zu halten. Sätze wie » *Wollen Sie endlich eine Entscheidung treffen, die Sie glücklich macht oder Ihr ödes langweiliges Leben so weiterleben?* « machen sich schlicht und einfach die Fokussierungsillusion zunutze. Man sollte sie ignorieren, denn unser Leben ist immer viel mehr als das, und niemand sollte das Recht haben, in einer so abwertenden Weise darüber zu schreiben und zu sprechen.

Man sollte sich von niemandem unterstellen lassen, man würde nicht das Nötige tun, damit das Leben ein rundum glückliches wird.

Jedenfalls ist der Versuch, mit sich und der Welt für immer und ewig ins Reine zu kommen, genauso zum Scheitern verurteilt, wie der Versuch der damals elfjährigen Freundin der Autorin Caroline Labusch, einen Hamster zum Schweben zu bringen. Den Einfall hatte die Freundin der Autorin nach einem Vortrag ihres Vaters über die Schwerkraft. Die Versuchsanordnung war sehr einfach. Man nehme einen

Hamster – nicht den eigenen natürlich, sondern den der Freundin Caroline –, setze ihn auf den Teppichboden und schalte den Staubsauger ein. Langsam nähere man sich dann von oben mit der Düse dem auf dem Boden zitternden Tier, denn irgendwann muss er ja kommen, der Punkt, an dem die Saugkraft des Saugers und die Schwerkraft des Hamsters sich genau aufheben. Doch das Leben ist nicht so, der Hamster schwebt nie. Entweder sitzt er zitternd am Boden oder er verschwindet im Staubsauger. Die perfekte Situation ist eine Utopie.

Die Ambivalenz zu überwinden ist also unmöglich. Zum Glück, denn es wäre schrecklich, wenn es uns gelänge. Zwar ist es die Vorstellung vieler Menschen, dass sie glücklicher wären, wenn sie endlich in völliger Übereinstimmung mit ihren Werten und Wünschen handeln würden, aber die Wirklichkeit sieht anders aus: Mit dem Versuch, bestimmte Widersprüche aufzulösen, schneidet man sich nämlich von allem ab, was das Leben lebenswert macht. Auch wenn es schwer zu glauben ist: Ein widerspruchsfreier Zustand wäre der freudloseste, der sich denken lässt. Der Philosoph Slavoj Žižek hat sich über die Produkte, die diese Art von Freudlosigkeit für ihn verkörpern, lustig gemacht: Sahne ohne Fett, Kaffee ohne Koffein und gesündere Zigaretten versprechen zum Beispiel Genuss ohne Reue, aber ob dann von Genuss noch die Rede sein kann, ist fraglich. Und das nicht nur, weil diese impotent gemachten Genussmittel nicht mehr schmecken. Genuss und Freude verdanken wir nämlich der Ambivalenz. Es wäre ganz und gar nicht lustig, wenn Torte gesund wäre, Rotwein keinen Kater verursacht und Rumgammeln doch irgendwie nützlich wäre. Jedes Vergnügen braucht ein paar

Schuldgefühle. Gerade die Ausnahme von der Regel, das Unvernünftige und die Verschwendung, sind die Dinge, die uns Genuss verschaffen. Mit anderen Worten: Weil wir das Falsche tun, merken wir überhaupt, dass wir gerade Spaß haben.

Vergnügen braucht den Kontrast. Ohne Arbeit kein Feierabend, ohne nervigen Chef keine Witze auf seine Kosten, ohne den blöden Partner nichts, worüber man sich aufregen kann. Niemand weiß das besser als arbeitslose Japaner, die natürlich überhaupt nicht glücklich damit sind, dass sie den ganzen Tag machen können, was sie wollen. Sie sehnen sich vielmehr danach, so wie andere müde und abgekämpft von der Arbeit nach Hause kommen zu können, und so ziehen sich einige von ihnen zur Rushhour einen Anzug an und setzen sich in gut besuchte Kneipen, um dort ebenfalls ihre Krawatten zu lockern und ihr »wohlverdientes Feierabendbier« zu trinken.

Der Spaß ist also, sich über den Chef zu beschweren – nicht zu kündigen und anschließend niemanden mehr zu haben, über den man sich beschweren oder lustig machen kann. Vom Aussteigen zu träumen ist schön, weil in der Aussteigerfantasie einfach alles stimmt und man diesen Traum niemals der Realität aussetzen muss. Würde man seinen Traum ernst nehmen, wie es allerorten empfohlen wird, würde logischerweise *Ernst* daraus werden. Also genau das, was man doch gar nicht wollte!

Aus diesem Grund müsste man also jeden, der fragt, wann wir denn endlich ernst mit unseren Träumen machen, brüsk zurechtweisen. Und nicht nur, weil man auch mit einem Traumjob seine Existenz bestreiten muss, was dazu führt, dass man sich und seine Seele – wie ein Amazonkunde sehr treffend in einer Kritik zu einem Aussteigerbuch aus der *Tretmühle Job* schreibt – nach der befreienden Entscheidung sogleich in andere, vielleicht sogar schlimmere, Abhängigkeiten verkaufen muss. Mit dem Träumeverwirklichen schneidet man sich gedankliche Fluchtmöglichkeiten ab. Was ein Leben ohne Ausflüchte aber bedeutet, machen sich leider viel zu wenige Menschen klar. Immer wieder behaupten Lebenskünstler (oder welche, die sich dafür halten), wie erbärmlich es sei, sich aufs Wochenende zu freuen, sei es doch ein Zeichen dafür, dass man in der Woche nicht richtig lebe. Was aber bedeutet das konkret? Gemeint ist, dass man sein Leben so gestalten sollte, dass »jeder Tag ein Fest« ist und man es daher gar nicht nötig hat, die Woche in Pflicht- und Freudentage aufzuteilen. Es ist aber dieser Anspruch, der dafür sorgt, dass ich mich am Ende gar nicht mehr freuen kann. Denn kein Job kann so toll sein wie der Traumjob, den ich mir seit zehn Jahren ausmale; kein Partner ist so wunderbar, wie man es sich in seinem Singledasein vorgestellt hat; keine Weltreise ist so aufregend schön, wie es in den Instagram-Accounts aussieht.

> Wer zu sehr an seine Träume glaubt, dessen Ansprüche steigen ins Unermessliche.

Darf ich aber nicht über den ungeliebten Job schimpfen, ohne daraus gleich eine Konsequenz ziehen zu müssen, so vergälle ich mir damit meine kleineren, realen Freuden: Statt mich am Feierabend bei meinen Freunden ausführlich und »lustvoll« über meinen Arbeitstag zu beschweren, soll ich jetzt die freie Zeit nutzen und mich fragen, wie lange ich »*so noch weitermachen will*«. Statt am Wochenende Spaß zu haben, habe ich ein schlechtes Gewissen. Denn ist es nicht meine eigene Schuld, dass ich meine Arbeit als so unangenehm empfinde, um mich am Wochenende ausruhen zu müssen?

Es geht hier wohlgemerkt nicht um die Wenigen, deren Situation am Arbeitsplatz so unerträglich ist, dass sie krank davon werden und sich tatsächlich fragen müssen, ob das Geld, welches sie für ihre Arbeit bekommen, diese Quälerei wert ist. Aber es ist hier wie mit der Glutenallergie: Einer von vielleicht fünfhundert Menschen in Deutschland ist betroffen, aber mindestens jeder vierte Mensch ist inzwischen davon überzeugt, dass er, sollte er die strengen Diätvorschriften endlich einmal konsequent durchziehen, alle seine (gesundheitlichen) Probleme gelöst hätte.

Selbst die katholische Kirche gibt zur Fastenzeit Postkarten heraus, auf denen die Worte »hätte«, »könnte« und »müsste« durchgestrichen sind, während darunter in dicken, fetten Lettern steht: »Einfach machen!« Denn schon längst wird in der Fastenzeit nicht mehr gefastet, sondern Gläubige und Interessierte sollen in dieser Zeit ihre lang gehegten Träume in Angriff nehmen. Wer das nicht tut, soll sich bitte schön schuldig fühlen. Und diese Postkarten sind beliebt, sie werden verteilt, verschickt, in der Firma an die Pinnwand gepinnt, auf dem Schreibtisch aufgestellt. Die Botschaft ist immer dieselbe: Wir sollen uns endlich entscheiden, das, was wir angeblich schon längst als richtig für uns eingesehen haben, in die Tat umzusetzen! Da das aber keiner macht – gerade christliche Menschen fühlen ja noch andere Verpflichtungen als ihre Privatträume –, muss man sich wundern, dass sich sogar die

Kirche an dieser Industrie des schlechten Gewissens beteiligt. Zumal für diese Botschaften besonders Menschen anfällig sind, die sich nichts haben zuschulden kommen lassen.

*Wir sollten so viel Stolz haben,
nicht auch noch begeistert in
die Hände zu klatschen, wenn man
uns die Schuld daran gibt, dass
die Welt nicht ideal ist.*

Die psychische Instanz, die auf den Vorwurf anspringt, zu viel auf das »hätte, könnte, müsste« zu legen, ist das Über-ICH. Denn genau diese Instanz ist es, die unser reales ICH von Zeit zu Zeit ermahnt, die Lücke zwischen sich und dem Ideal-ICH nicht allzu weit auseinanderklaffen zu lassen. Dagegen ist erst einmal gar nichts zu sagen, denn schließlich ist das ICH (also die Instanz, die entscheidet und unsere Persönlichkeit organisiert) dem Ansinnen durchaus zugetan, nicht nur dem reinen Vergnügen zu frönen, sondern auch höhere Ziele zu verfolgen. Wir wissen nämlich genau, dass es am Ende nicht gut für uns ausgeht, würden wir immer nur das tun, was wir wollten. Wir sind also damit einverstanden, dass unserer Fress- und Sauflust, unserer Faulheit, unserer Gier und unseren amourösen Ambitionen seitens unseres Über-ICHs in Form eines schlechten Gewissens Einhalt geboten wird. Das Problem ist ein anderes, und man sollte es nicht unterschätzen, denn die im Umlauf befindlichen Appelle kosten uns letztendlich jede Lebensfreude und Souveränität: In den Hamsterrad-Aussteigergeschichten und auf den Ermutigungspostkarten wird nämlich behauptet, dass wir umso glücklicher werden, je mehr wir bei unseren Entscheidungen auf unser Über-ICH hören. Und am allerbesten wäre es, wenn unser ICH und unser Ideal-ICH völlig übereinstimmen würden und damit sämtliche inneren Konflikte (Ambivalenzen) in unserer Psyche beseitigt wären. Aber das Gegenteil ist der Fall: Denn das Über-ICH ist nicht gerade die Instanz, die für pure Lebenslust, für unbändige Freude und tierisches Vergnügen zuständig ist. (Übrigens bei niemandem, auch nicht bei denen, die das von sich behaupten.) Nimmt man etwas zu ernst – und seien es die eigenen Träume –, legt man sie aber genau in die Hände dieses Über-ICHs. Und was diese Instanz in die Finger bekommt, wird nie wieder Spaß machen.

WENN DAS ÜBER-ICH DAS GLÜCK EMPFIEHLT

Das Über-ICH sorgt dafür, dass wir uns sozial verträglich verhalten und unsere Triebe und Affekte kontrollieren. Denn es wäre sehr ungünstig, wenn man alles tut und sagt, was einem so in den Kopf kommt. Vereinfachend kann man die Persönlichkeit eines Individuums so beschreiben: Es gibt eine animalische oder kindliche Seite (das ES), in der sämtliche Triebe und Affekte wie Liebe, Wut und Eifersucht verortet sind. Zugleich werden ihr auch Urbedürfnisse wie Hunger, Obdach und Vertrauen zugeordnet. In der Kindheit, in der wir wenig Kontrolle über die Bedürfniserfüllung haben, streben wir nach unmittelbarer Befriedigung all dieser Bedürfnisse. Erst durch die Erziehung lernen wir, wann etwas angebracht ist und wann nicht – welche

Bedürfnisse in unserer Kultur erlaubt und welche verpönt sind und in welcher Form wir das bekommen können, was wir unbedingt brauchen.

Diese gesellschaftlichen Normen, die Werte und moralischen Forderungen sind in der psychischen Struktur des Über-ICHs angeordnet, man kann also sagen, es handelt sich um die Eltern in uns, die dafür sorgen, dass wir nicht den ganzen Tag Süßigkeiten essen, nicht jeden Abend zwei Flaschen Wein trinken und zur Arbeit gehen, auch wenn wir mal keine Lust haben. Und jeder vernünftige Mensch hört natürlich auf seine Elternstimme, denn schließlich hat er nicht vor, sich zu ruinieren. Wir streben nach Höherem als nach der reinen Triebbefriedigung, wir wollen uns kennenlernen, über uns hinauswachsen, uns nützlich machen. Das ICH ist schließlich die Instanz, die in diesem Modell in der Mitte steht und all das, was in uns vorgeht, erlebt und bewertet. Das ICH von Johann Wolfgang von Goethe schrieb das Bekenntnis, »zwei Seelen wohnen, ach! in meiner Brust«, denn das ICH weiß natürlich, dass sich manches von dem, was wir gerne wollen, gegenseitig ausschließt. Folgt man dem einen Bedürfnis, verstößt man gleichzeitig gegen ein anderes, und nicht immer ist klar, welches im Moment das wichtigere ist.

Einfach mal lockerlassen oder endlich zusammenreißen? Das ist hier die Frage, die leider jedes Mal anders beantwortet werden muss.

Es herrscht also ein ständiger Konflikt zwischen unseren ursprünglichen Trieben und Wünschen und den Anforderungen, die wir als zivilisierte Menschen an uns selbst stellen. Daraus ergibt sich, dass wir – also unsere ICH-Instanzen – zwei Arten von Triumphen kennen. Der eine Triumph ergibt sich, wenn für einen Moment unser ICH mit unserem Ideal-ICH zusammenfällt, das heißt, wenn wir den sogenannten inneren Schweinehund überwinden und kalt duschen oder Gemüse essen, die Gymnastikübungen machen, die Masterarbeit schreiben, den Rasen mähen, das Zimmer streichen, Klavier üben und unserem Feind die Hand geben. Dann können wir zu Recht stolz auf uns sein. Und dann gibt es den Triumph, wenn wir entscheiden, das alles nicht mehr zu tun.

Es macht nämlich sehr viel Laune, auch mal gegen die eigenen Werte und Vorgaben zu verstoßen. Alle Ideale fahren zu lassen, zu feiern, zu saufen, herumzuhuren und riesige Portionen Pommes frites zu essen, als wenn es kein Morgen gäbe. Von Zeit zu Zeit muss man nämlich seinem Über-ICH zeigen, dass man sich von ihm nicht alles verderben und verbieten lässt. Man ist schließlich nicht nur am Leben, um von morgens bis abends vernünftig zu sein. Und gerade weil die Dinge so falsch sind, machen sie so großen Spaß. Einmal auf die Empfehlungen des Über-ICHs pfeifen und die Nacht mit Freunden durchmachen, den Kollegen oder die Kollegin verführen, das Kind vor den Fernseher setzen, um seine Ruhe zu haben, ganz egal, wie blöd und ungesund das alles ist – und das ICH fühlt sich wieder lebendig und souverän. Weil es einfach mal macht, was es wirklich will.

Durch den Kontrast zwischen dem, was gut für uns wäre, und dem, nach dem es uns gelüstet, spüren wir, dass wir am Leben sind. Nur wenn wir unsere Gesundheit, unsere Reputation oder unser reines Gewissen riskieren, wird es aufregend, verrucht, lasterhaft und ausgelassen! Wir erkennen dann, woher unsere Lebensenergie kommt, nämlich von unserem ES, das sich am Leben freut und dabei keine weiteren Ziele verfolgt. ES ist vielleicht gierig, primitiv, verdammt unvernünftig und ziemlich egozentrisch, aber ES genießt den Moment.

Was aber ist, wenn ich auf die Idee komme, meine Ideale verfolgen und gleichzeitig unheimlich viel Spaß haben zu wollen? Durch die vielen Aufrufe und Ermahnungen, »ganz man selbst zu sein«, »das Leben zu genießen und im Hier und Jetzt zu leben« und »seine Träume endlich Wirklichkeit werden zu lassen«, wird die Lebensfreude zur gesellschaftlichen Norm erhoben. Sie wird, wie schon der Sozial- und Politikwissenschaftler Charles Taylor in *Das Unbehagen in der Moderne* erkannte, zu einem neuen moralischen Ideal, und zwar mit allem Drum und Dran, das heißt, dass es ein schlechtes Gewissen nach sich zieht, wenn man nicht genug für dieses Ideal tut!

Das Ausschlaggebende sei, so Charles Taylor, dass sich viele Menschen heute dazu aufgefordert fühlen, dieses moralische Ideal zu verfolgen, und dass sie davon überzeugt sind, ihr Leben wäre irgendwie vergeudet oder unerfüllt, wenn sie es nicht täten.

Der Rausch oder die Lebensfreude soll nun nicht dadurch entstehen, dass man sich für einige erholsame Momente von seinem Ideal-ICH befreit – was hinterher meist durch Schuldgefühle bestraft wird –, sondern die Lebensfreude soll der Selbstbestätigung dienen. Man will nach durchzechter Nacht keinen Dämpfer durch Kater oder Reue haben, sondern vorführtaugliche Erlebnisse, die man auf

Instagram posten kann, um zu beweisen, dass man ein Mensch ist, der zu leben versteht.

Der Spaß ohne Reue sieht dann je nach Ausprägung so aus: Entweder das Ideale muss uns Spaß machen, der Smoothie viel leckerer schmecken als der Rotwein, der Sport ist ein einziges rauschhaftes Körpererleben, Schwierigkeiten sind Herausforderungen, die man voller Freude annimmt, und so weiter. Oder das, was uns Spaß macht, wird zum Ideal, das heißt zum vorrangigen Lebensziel erklärt. Widmet sich das ICH in der ersten Variante seiner Selbstoptimierung, was stets mit einem gewissen Verzicht und einiger Anstrengung verbunden ist, so fragt das Über-ICH, warum das ICH keinen Spaß dabei hat. In der anderen Variante kommt es zur paradoxen Situation, dass das ICH sein Über-ICH an seine Pflichten erinnern muss. Das heißt, es muss erklären, dass es Angst hat, den Job zu verlieren, weil das Über-ICH tatsächlich vorschlägt, man könne doch einmal um die Welt reisen, das ganze Geld ausgeben, das man auf dem Konto hat, denn das mache irre Spaß, und irgendetwas finde sich schon, wenn man zurückkommt. Es ist erstaunlich, dass nicht alle ICH-Instanzen so verrückt sind, dass sie den Forderungen eines spaßversessenen Über-ICHs folgen, und dass es ergo erstaunlich viele Menschen gibt, die weiterhin zur Arbeit gehen und ihren sonstigen Pflichten nachkommen. Doch sie tun das, ohne den Triumph der Selbstüberwindung genießen zu können, denn seit Neuestem fällt ihr ICH nicht mehr mit dem ICH-Ideal zusammen, wenn sie den Alltag bewältigen und den Laden am Laufen halten. Plötzlich ist man seinem ICH-Ideal zu ängstlich, zu zögerlich, zu spießig, zu halbherzig und obendrein zu ernst. Das ICH solle sich doch mal entspannen, das Leben genießen; Selbstüberwindung ist out, ein Zeichen dafür, dass man gar nicht macht, was man will. Sich des Lebens zu freuen ist aber gar nicht so einfach, wie das Über-ICH es darstellt. Der Spaß an der Selbstüberwindung beispielsweise war ja gerade, dass man etwas tat, was KEINEN Spaß machte, und sich somit bewies, dass man eine Persönlichkeit ist, die dazu in der Lage ist. Aber dieser Triumph wird durch ein Über-ICH, welches das Glücklichsein viel zu ernst und absolut nimmt, verhindert.

> »Jetzt bist du der Bürohocker
> geworden, der du nie sein woll-
> test.« - Das heutige Über-ICH
> lobt nicht mehr, wenn das ICH
> seinen Pflichten nachkommt, es
> spottet sogar über seine Brav-
> heit.

Auch der zweite Triumph ist in dieser Konstellation nicht mehr möglich, denn nun kann das ICH nicht mehr Spaß haben und sich gut und frei fühlen, indem es gegen das Über-ICH rebelliert, denn es ist, um es bildhaft auszudrücken, ja der einzig verbliebene Vernünftige im Haus. So wie Kinder von Alkoholikern übernimmt das ICH viel zu früh die Elternrolle, räumt auf, wischt das Erbrochene weg, kocht für die jüngeren Geschwister und sorgt dafür, dass alle regelmäßig zur Schule gehen. Unsinn machen und sündigen kann ein solches Kind sich nicht mehr leisten, denn die Eltern (= Über-ICH) sind ganz offenbar nicht mehr zurechnungsfähig. Bei wichtigen Entscheidungen um Rat fragen kann man solche Eltern nicht.

Aber die Urheber der Vorschläge für mehr Genuss und

Lebensfreude sind noch schlimmer als alkoholkranke Eltern. Sie sagen im Gegensatz zu ihnen ja nicht einmal Danke, wenn die Empfänger ihrer Botschaften dafür sorgen, dass Brot und Butter auf dem Tisch stehen (indem sie zum Beispiel für die Lebensratschläge zahlen), sondern fühlen sich ihnen noch überlegen, weil das nicht fröhlich und beschwingt genug geschieht. Ganze Berufszweige leben davon, dass sie Menschen in puncto Lebensfreude und Genuss Nachhilfeunterricht erteilen, und sie profitieren nicht schlecht von denen, die nichts weniger als die Quadratur des Kreises versuchen, nämlich Genuss ohne Reue zu empfinden, der Lust zu frönen, ohne gegen irgendwelche Normen zu verstoßen, und so zu rebellieren, dass es in den sozialen Medien ganz viele Likes dafür gibt.

Ambivalenzen aushalten ist ja wirklich schwierig, aber keine Ambivalenzen zulassen zu dürfen, ist wirklich die Hölle!

Eine Pause von den Ansprüchen eines solchen Über-ICHs gibt es nicht, denn sollte das ICH mal den Aufstand proben und protestieren, dann muss es sich fragen lassen, warum es sich denn nicht einfach den Platz im Leben sucht, wo es keinen Grund mehr gibt, zu protestieren. Daher kommt dieses Gefühl: Wie man es macht, macht man es falsch. Denn in einer ambivalenten Welt kann man ja gar nichts wirklich richtig machen.

Der Anspruch, dass sogar der Aufstand und der Protest sich rundum *richtig* anfühlen sollen, ist heute aber so selbstverständlich, dass es nur wenigen auffällt. So stritten sich beispielsweise im Berliner Bezirk Prenzlauer Berg Eltern von Kindern, die an den Freitagsdemonstrationen gegen den Klimawandel teilnehmen wollten, mit ihrer Schulleitung darüber, wie mit den dadurch entstehenden Fehlstunden umzugehen sei. Die Schulleitung hatte an einem eigens dafür veranstalteten Elternabend vorgeschlagen, dass die Eltern ihre Kinder mit Ausreden wie Kopfschmerzen oder Erkältung für diesen Termin entschuldigten, denn weil sie das Anliegen der Schüler unterstütze, würde es die offensichtlich vorgeschobenen Ausreden akzeptieren. Die anwesenden Eltern waren empört; dadurch würde man sie zwingen, für ihre Kinder zu lügen, was wiederum ein schlechtes Beispiel für die Kinder wäre. Würde die Schule deren Anliegen wirklich unterstützen, so die Meinung der Eltern, würden die Kinder die Wahrheit sagen dürfen und trotzdem keine Fehlstunden bekommen. Vielen Eltern war nicht klarzumachen, dass die Schule aus rechtlichen Gründen nicht anders handeln darf und deswegen ihren Anspruch, dass ihre Kinder sozusagen mit Beifall von staatlicher Seite protestieren dürfen, nicht erfüllen kann. Diese Eltern scheinen vergessen zu haben, dass Widerstand erst dann Widerstände überwindet, wenn man ihn in Form gewisser Nachteile spürt.

Widerspruchsfreien Widerstand gibt es nicht, auch wenn sich diese aufgeklärten Eltern das noch so sehr für ihre Kinder wünschen. Genauso wenig gibt es ambivalenzfreien Spaß oder Lust ohne Verstoß gegen die Normen. Suche ich das Glück ohne Reue, nehme ich der Lust das, was sie ausmacht: ihre Tiefe, ihren Sinn. Nämlich die Rebellion gegen die Zumutungen des Über-ICHs, das umso mehr fordert, je mehr ich ihm gehorche.

Ein ICH, das zu sehr auf sein Über-ICH hört, ist nicht mehr souverän. Dabei ist es übrigens ganz egal, was das Über-ICH fordert. Ob Bravsein oder Abenteuerlust, Reichtum oder Genügsamkeit, Schlanksein oder den neuen Stolz auf die Kurven, Glück oder Disziplin oder seit Neuestem alles zusammen – die Instanz des ICHs muss entscheiden, wann sie auf das Über-ICH hört und wann sie auch mal Fünfe gerade sein lässt. Schafft man es aber nie, auch mal Fünfe gerade sein zu lassen, wird man hinter den Forderungen des Über-ICHs immer zurückbleiben, denn schon in der ersten Minute, in der man sich aufs Sofa setzt und die schöne neue Serie in den DVD-Player einlegt, meldet es sich und fragt, was das soll, man wollte doch endlich etwas für sein Glück, das Abenteuer oder die Beziehung tun? Aber nicht alles im Leben macht man, um sich hinterher wie ein toller Mensch zu fühlen, der mal wieder die beste Entscheidung ever getroffen hat. Es ist ein Akt der Freiheit, diese mahnende Stimme auch mal zu ignorieren.

Gerade gegen seine eigenen Dogmen muss man verstoßen, wenn man wirklich frei sein will.

Kann man das nicht, ist man keine selbstbestimmte Persönlichkeit. Menschen, die zu sehr auf ihr Über-ICH hören, erkennt man daran, dass sie süchtig nach Ratschlägen sind. Aber kein Vorschlag, kein Appell und keine Geschichte richten sich je an unser lebendiges ES, sondern sie sind immer ein Vorwurf ans ICH. Selbst wenn sie scheinbar nicht vorwurfsvoll klingen, wie zum Beispiel »Tu, wofür du brennst«, »Sei du selbst« und so weiter. Und je mehr Ratschläge man konsumiert, desto mehr gelangt man zu der Überzeugung, man sei völlig auf dem falschen Dampfer. Das erklärt auch, warum die interviewten Teilnehmer der Jürgen-Höller-Powerdays das Gefühl haben, sie stünden ihrem eigenen Glück im Wege. Sie fühlen sich fremdbestimmt, weil sie dem Diktat der Freude, des Erfolgs und des Glücks ihres Über-ICHs keinen Einhalt gebieten. Weil sie ihre Ziele wichtiger nehmen als sich selbst. Sie machen sozusagen mit dem Über-ICH gemeinsame Sache und schauen auf ihr ICH herab, das einfach nicht locker, fröhlich und/oder erfolgreich genug ist. Übersetzt heißt das, um mal von dem Freudschen Persönlichkeitsmodell wegzukommen: Wenn ich mir selbst und meinen Gefühlen nicht mehr vertraue, dann habe ich überhaupt keine Kriterien mehr, nach denen ich entscheiden kann.

Aber lieber entscheide ich nicht und weiß, was ich fühle, als andersherum.

Man ist nicht souverän, wenn man etwas ändert, sondern wenn man weiß, was man fühlt!

Um sich selbst zu spüren muss man sich also ab und zu den Forderungen des Über-ICHs verweigern. Das ist aber nicht gerade einfach, wenn das Über-ICH genau diese lustvollen Rebellionen für sich beansprucht, also einen Kult, beziehungsweise ein Ideal daraus macht. Wie im Kapitalismus wird in unserer Persönlichkeit jeder Widerstand gegen das herrschende System verharmlost, indem er gefeiert wird. Der Kapitalismus macht es uns vor: Kaum schreit einer »Love kills Capitalism«, so schreibt ein findiger Geschäftsmann genau diesen Spruch über den Eingang seiner Kaffeehauskette, auf dass seine Kunden dort ihre Kaffeepause voll und ganz genießen können. Solche Wohlfühl- und Befreiungsformeln begegnen uns überall, und inzwischen hat die Vorstellung eine Eigendynamik entwickelt, man könne Ängste und Widersprüche, Mehrdeutigkeit und Zweifel damit überwinden, indem man es nur richtig macht. Man hält diese Möglichkeit für wahr, einfach weil man sie so oft hört. Würde man an Verschwörungstheorien glauben, könnte man behaupten, dass dies die größte Kommunikationskampagne ist, die jemals gestartet wurde, um Menschen durch und durch unzufrieden zu machen. Als Gegenmittel lässt sich nichts weiter anbieten, als sich die Unzufriedenheit, den Ärger, den Schmerz und die Hilflosigkeit nicht ausreden zu lassen. Das bedeutet ganz konkret, sich nicht von jeder Lebensglückformel aus dem Konzept bringen zu lassen oder sich gar von anderen Menschen dazu drängen lassen, jede Uneindeutigkeit unbedingt sofort beseitigen zu müssen. Schließlich braucht man alle Gefühle, um eben ein »Gefühl für die Dinge« zu bekommen. Und wenn man ein Gefühl für die Dinge hat, wird man bemerken, dass man zwischendurch auch immer mal wieder einfach nur glücklich ist.

»Der radikal vereindeutigte Mensch wäre der Mensch als Maschine, so wie er von manchen Posthumanisten fantasiert wird.«
Thomas Bauer

Ambivalenz ertragen kann man üben!

Der Islamwissenschaftler und Kulturphilo-
soph Thomas Bauer rät, seine Fähigkeit,
Ambiguität auszuhalten, zu trainieren, so
wie man auch Sport macht, um sich einigermaßen fit zu halten. Räume für Mehrdeutigkeiten finden sich seiner Meinung nach
in Kunst, Musik und Literatur.
Dies sei nicht nur wichtig für ein besseres Verhältnis zu uns selbst, sondern auch
wichtig für ein freies, offenes und tole-
rantes Miteinander in unserer Gesellschaft.

»Bereuen ist Verrat an sich selbst«, schrieb Friedrich Nietzsche und meinte damit vor allen Dingen die Reue nach Entscheidungen, die von Gesellschaft und Kirche nicht gutge-
heißen wurden. Man kann diese Einsicht auf jede Art von
Reue erweitern, schließlich verrät man durch den Anspruch,
irgendwann für sich die ideale Situation zu finden, sein
ICH, das sich ja nach wie vor mit der Wirklichkeit herumschlagen muss. Und zwar bis zum Ende seiner Tage. »Wenn
es einer Kultur gelingt, die Hauptsorge der Leute auf ihr
imaginäres (= ideales, Anmerkung d. Verfasserin) Ich zu
richten, dann lassen die Leute ihrem wirklichen Ich eine
ganze Menge gefallen«, schreibt Robert Pfaller in *Das
schmutzige Heilige und die reine Vernunft*. Er meint damit vor
allen Dingen das Phänomen, dass Menschen es sich gefal-

len lassen oder es sogar selbst einfordern, dass ihrem Ich bestimmte Dinge verboten werden, damit es ihnen leichterfällt, ihrem Ideal gemäß zu leben – siehe etwa das Rauchverbot in Restaurants und Gaststätten.

Vor allen Dingen gibt es in einer dem Idealen verpflichteten Kultur unheimlich viele Menschen, die viel von dem, was sie tun oder nicht tun, ernsthaft bereuen. Und die viel Lebenszeit damit verschwenden, nach einer Entscheidungsmöglichkeit zu suchen, die sie nicht mehr bereuen müssen. Dass man aber Reue nicht überwindet, indem man aus vergangenen Entscheidungen »unheimlich viel lernt« und es beim nächsten Mal »richtig« macht, sondern indem man sie möglichst gelassen zur Kenntnis nimmt, wusste schon Edith Piaf. Mit ihrem Chanson *Non, je ne regrette rien* will sie uns logischerweise ganz und gar nicht mitteilen, dass sie nichts bereut. Die Frau, die da singt, bereut einfach alles! Aber sie lässt sich nicht unterkriegen von der Tatsache, dass man kein Leben führen kann, ohne das meiste zu bereuen. Und darauf kommt es an!

Wer Spaß haben will,
muss uneindeutig bleiben.

Nur wenn es um eine Sache in unserem Leben geht, gibt es keine Mehrdeutigkeiten. Dann wird es eindeutig – und höchste Zeit, radikal zu werden!

7
WANN ES ZEIT IST,
RADIKAL ZU WERDEN

Vom alles ausschließenden Grund

»In ebendiesem Sinne ist Freiheit (...)
die Offenbarung der menschlichen Würde.«

Erich Fromm

Lesen Sie sich folgende Entscheidungssituationen durch und ent-
scheiden Sie dann, was Sie in der entsprechenden Situation tun
würden:

1. *Sie sind auf einer Ausstellungseröffnung, ein guter Bekannter*
begrüßt Sie, Sie freuen sich, denn Sie finden ihn sympathisch.
Sie kommen ins Gespräch, er fragt Sie, was bei Ihnen in den
letzten Wochen passiert ist. Sie erzählen von einer Präsentation
in Ihrer Firma, die ein wenig anders verlaufen ist als geplant,
was vor allen Dingen daran lag, dass die eingeladenen Kunden
irgendwie den Mund nicht aufbekommen haben und so wäh-
rend des Termins immer wieder unangenehme Gesprächspausen
entstanden seien. Sie seien dann in dieser Situation Ihrem Chef
beigesprungen und hätten über diese Pausen – so Ihr eigener
Ausdruck – »hinweggeplappert«. Ihr Bekannter lacht und sagt:
»Das kann ich mir vorstellen, denn du plapperst ja immer viel.«

Nun die Entscheidung: Würden Sie diese Bemerkung überhören?

Ja   *Nein*

2. *Sie haben ihn bekommen, den neuen Job! In Ihrer Stadt und*
die Position, die Sie sich gewünscht haben, gar nicht so einfach
in Ihrer Branche. Zum Ersten des nächsten Monats können Sie

anfangen. Ein paar Tage nach der Vertragsunterschrift ruft Sie
die Personalverantwortliche an, ob Sie nicht am Wochenende
davor zum Firmenausflug kommen möchten, denn das wäre
doch die Gelegenheit, die Kollegen in einer zwanglosen Atmo-
sphäre kennenzulernen. Sie versuchen freundlich abzusagen,
denn Sie finden es komisch, ein ganzes Wochenende mit Men-
schen zu verbringen, die sich wahrscheinlich sehr gut unterei-
nander kennen, die Sie aber noch nie gesehen haben. Außerdem
sind Sie schon längst mit Freunden verabredet, unter anderem,
um Ihre neue Anstellung zu feiern. Doch dann merken Sie, dass
Ihre Absage nicht gut aufgenommen wird, die Personalverant-
wortliche sagt Ihnen, dass Sie wisse, dass man die Teilnahme am
Firmenausflug am Wochenende nicht anordnen könne, dass Sie
aber von der Geschäftsleitung ausrichten solle, dass man doch
sehr großen Wert auf Ihr Erscheinen lege. Sie wundern sich, spü-
ren aber, dass es keinen Sinn hat, weitere Fragen zu stellen. Es
ist ganz offensichtlich, dass man einfach davon ausgeht, dass Sie
sich über diese Einladung freuen und Sie begeistert annehmen.

Nun die Entscheidung: Würden Sie Ihre Verabredungen absa-
gen und an dem Firmenausflug teilnehmen?

Ja   *Nein*

3. Ein Freund hat einen akzeptablen Beruf. Das ist in seinem
Fall keine Selbstverständlichkeit, denn er hat damals als Jugend-
licher die Schule abgebrochen, und lange sah es so aus, als würde
er sich sein Leben lang mit Hilfsarbeiten herumschlagen müs-
sen. Nun aber ist er fest angestellt in einer großen sozialen Ein-
richtung und soll sogar befördert werden. Was seine Arbeitgeber
aber nicht wissen – der nicht vorhandene Schulabschluss macht
Ihrem Freund immer noch zu schaffen, deswegen hat er sich an

einer Abendschule eingeschrieben, um diesen nachzuholen. Einfach so, nur für sich selbst. Wenn er aber die angebotene Abteilungsleitung annimmt, muss er sein Vorhaben aufgeben. Nimmt er die leitende Stelle nicht an, wird sie anderweitig vergeben, und die Chance wäre für Ihren Freund für immer verloren.

Was würden Sie Ihrem Freund raten? Soll er das Angebot seines Arbeitnehmers annehmen?

Ja   Nein

4. Sie haben einen Liebhaber/eine Geliebte. Diese neue Bekanntschaft ist sexy, klug, kultiviert, ob mehr daraus wird, weiß man nicht. Im Moment scheinen beide Seiten zufrieden zu sein, sich einmal die Woche zum Sex zu verabreden, und auf dieser Ebene stimmt einfach alles. Nun hat Sie Ihre Bekanntschaft zum Abendessen eingeladen, beziehungsweise zum gemeinsamen Kochen. Sie ziehen sich schön an, packen die Flasche Wein ein und freuen sich auf den Abend. In der Küche Ihres Bekannten ist alles vorbereitet, Sie trinken ein Glas Rotwein, Musik läuft, und Sie bieten an, die Salatsoße anzurühren. Erst Öl, dann Essig, doch als Sie zum Salzstreuer greifen, fällt Ihnen Ihre Bekanntschaft in den Arm. Erstaunt hören Sie ihre Bitte, ob Sie vielleicht darauf achten könnten, den Salzstreuer nicht mit öligen Fingern anzufassen. Sie wehren ab, so ölig sind Ihre Finger doch gar nicht. Doch, sagt die Bekanntschaft, und weist auf für Sie unsichtbare Flecken auf dem Salzstreuer hin und fragt zu allem Überfluss auch noch, ob Sie das zu Hause auch so machen würden.

Nun die Entscheidung. Bleiben Sie dieses Mal über Nacht?

Ja   Nein

5. *Ein Freund, den Sie lange nicht gesprochen haben, ruft Sie an und fragt, ob Sie Lust haben, mit ihm das Wochenende in seinem Wochenendhaus zu verbringen. Sie freuen sich, denn sie hatten schon lange geplant, einmal gemeinsam hinauszufahren, nur ist leider bisher nichts daraus geworden. Sie sagen begeistert zu. Zwei Tage vorher rufen Sie noch einmal an, um sich nach den Bahn- und Busverbindungen zu erkundigen. Ihr Freund erklärt, dass er eigentlich immer mit dem Auto fahre, denn die öffentliche Verkehrsanbindung seines Feriendomizils lasse zu wünschen übrig, allerdings sei sein Auto gerade in der Werkstatt und ob es nicht möglich sei, dass Sie ihn mit dem Auto abholen kommen könnten.*

Nun die Entscheidung. Holen Sie Ihren Freund ab und kutschieren Sie ihn zu seinem Ferienhaus?

Ja   Nein

WÜRDE GIBT ES NICHT ZUM NULLTARIF

Es gibt kaum eine Situation, in der unsere Würde keine Rolle spielt. Wir fühlen genau, wann sie angegriffen wird – und wissen eigentlich auch, was dann zu tun ist.

Bei echten Entscheidungen ist es, wie bereits erläutert, egal, wie man sich entscheidet. Denn auch wenn sich die Dinge nicht so entwickeln wie erhofft, haben wir am Ende immer noch uns selbst. Das nicht erreichte Ziel beschädigt vielleicht unsere wirtschaftliche Situation oder unser Liebesleben, vor sich selbst verstecken müssen wir uns deswegen aber nicht.

Denn kein Ziel ist wichtiger als wir selbst, und überhaupt ist das Leben keine Sache, aus der man ständig einen Nutzen ziehen muss. Wer sich selbst hat, weiß also, dass er oder sie einfach um seiner/ihrer selbst willen da ist. Und genau aus dieser Tatsache bezieht der Mensch seine Würde.

Der Kampf um die Würde spielt in vielen Romanen und Filmen eine zentrale Rolle. Natürlich ist der ergreifendste Moment in diesen Geschichten stets der, in dem die Protagonisten erkennen, dass alles, was sie getan haben, um sich anderen Menschen würdig zu erweisen, nicht notwendig war; sie also begreifen, dass man sich seine Würde nicht verdienen muss, sondern dass man sie einfach hat. Das lernt auch Muriel Heslop, die Tochter eines herrsch- und selbstsüchtigen Lokalpolitikers aus der australischen Kleinstadt Porpoise Spit. Sie ist die Hauptfigur in *Muriels Hoch-*

zeit; sie ist dick, arbeitslos, altmodisch und deswegen unbeliebt. Doch sie träumt von einer großen Hochzeit mit der sie allen beweisen könnte, dass es da jemanden gibt, der sie will. Was sie antreibt ist, die Achtung derer zu erlangen, die im Gegensatz zu ihr dazugehören. Als ihre angeblichen Freundinnen ohne sie nach Hibiscus Island fliegen, um dort in einem Ferienklub den Junggesellenabschied einer der Ihren zu feiern, stiehlt Muriel ihrem Vater Geld und fliegt ihnen hinterher. Die Sache geht nur deswegen gut aus, weil sie in dem Klub die selbstbewusste Rhonda trifft. Ab da scheint sich Muriels Leben zum Besseren zu wenden. Sie geht mit ihrer neuen Freundin nach Sydney, doch als Rhonda erkrankt und schließlich im Rollstuhl sitzt, beginnt Muriel wieder von ihrer Hochzeit zu träumen. Sie meldet sich auf die Anzeige eines südafrikanischen Profischwimmers, der zwecks Aufenthaltsgenehmigung heiraten muss. Die arrangierte Hochzeit wird sogar im Fernsehen übertragen, und ganz Porpoise Spit ist erstaunt, dass sie, die dicke peinliche Muriel, es offensichtlich geschafft hat. Rhonda, die ohne die Hilfe ihrer Freundin nicht mehr alleine in der Wohnung in Sydney wohnen kann, muss zu ihrer Mutter zurück. Doch kurz darauf begeht Muriels Mutter Selbstmord, weil sie von Muriels Vater verlassen wurde, und da plötzlich begreift Muriel, dass es würdelos ist, sein Leben auf einer Lüge aufzubauen. Und weil Begreifen und Entscheiden eins ist, löst sie die Ehe auf, holt Rhonda von ihrer Mutter ab und bricht mit ihr auf in ein neues, eigenes Leben.

In *Deine Würde entscheidet* schreiben die Therapeuten Udo Baer und Gabriele Frick-Baer: »Wenn das Gefühl für den eigenen Wert und für die eigene Würde wackelt, gibt es kein Maß für das, was sich ein Mensch wert ist. Nur dann können die Ansprüche an sich selbst ins Unermessliche wachsen.« Wer sich also nicht wertschätzt, kann heiraten, wen er will, und erleben, was er will, er wird niemals glücklich und zufrieden sein. Denn kein Glück ist groß genug, um den Schmerz der Wertlosigkeit wettzumachen, und jedes Pech, jede Niederlage, scheint ein Ausdruck der eigenen Minderwertigkeit zu sein. Sich wirklich wertzuschätzen ist aber gar nicht so einfach, denn die Würde wird täglich angegriffen, man muss sie also verteidigen. Manchmal sind es nur Kleinigkeiten, bei denen man vielleicht denkt, dafür lohnt es sich nicht, einen Aufstand zu machen oder sich Ärger einzuhandeln. Aber die eigene Würde ist keine Kleinigkeit, die gibt man nicht mal eben preis für einen echten oder vermeintlichen Vorteil. Jedes Mal, wenn man im entscheidenden Moment versäumt, die einem gebührende Achtung einzufordern, spürt man genau, dass man sich gerade selber verrät. Es ist zum Beispiel entwürdigend, wenn Mitarbeiter und Mitarbeiterinnen einer Bäckereikette gezwungen werden, zur Faschingszeit eine Clownsnase anzulegen, damit die Kunden was zu lachen haben. Und es ist sogar zu fragen, ob nicht schon die Einheitskleidung gewisser Franchiseunternehmen mit albernen Schürzen und Käppis ein Angriff auf die Würde darstellen, sind sie doch in den seltensten Fällen kleidsam und machen den Mitarbeiter zum Objekt, weil sie nämlich seinen Körper als Werbefläche benutzen.

Aber am allerschlimmsten ist es, wenn Menschen sich selbst missbrauchen. Es ist eine schlechte Idee, nackt ein Dinner zu sich zu nehmen und sich für eine fragwürdige Show dabei filmen zu lassen. Nicht ganz so krass, aber auch nicht schön ist es, weiter mit einem verhassten Partner zu leben und zu schlafen, weil man nicht aus der gemeinsamen Wohnung ausziehen mag oder den Ex-Freund zu einem Familientreffen mitzunehmen und die Trennung zu verschweigen. Manche Menschen meinen aber, ihre Würde wäre die Aufmerksamkeit oder die Vorteile wert. Sie überschätzen also das, was sie dafür bekommen, und unterschätzen den Preis, den sie dafür zahlen.

Es ist kein Vergnügen, anderen zuschauen zu müssen, wie sie ihre Würde ohne Not und äußeren Zwang in die Tonne treten.

Nichts beschädigt das Selbstbewusstsein so sehr, wie eine Entscheidung, die ein schales Gefühl hinterlässt. Der Anlass wird dann nebensächlich. Das uns innewohnende Würdegefühl ist immer aktiv und IMMER unbestechlich. Niemand fühlt sich in Gesellschaft wohl, wenn er oder sie dort nicht erwünscht ist. Ein Job, bei dem man nicht geachtet wird oder Beziehungen, in denen man nicht wirklich sagen kann, was man über den anderen denkt, fühlen sich einfach falsch an. Wer dann die einzig mögliche Entscheidung nicht trifft, muss mit Magenschmerzen und Schuldgefühlen bezahlen. Hat man einmal seine eigene Würde missachtet, kann einem das noch monatelang nachhängen. Macht man das gar regelmäßig, beziehungsweise über einen längeren Zeitraum hinweg, dann macht einen das unglücklicher als Krankheit oder Unfall. Irgendwann fühlen sich nicht nur bestimmte Situationen falsch und unschön an, man bekommt sogar das Gefühl, selber falsch zu sein!

Seine Würde kann man nicht gewinnbringend eintauschen, genau das zeichnet die menschliche Würde ja aus. Was viele Menschen aber nicht wissen, ist, dass man seine Würde nicht nur nicht eintauschen sollte, sondern dass man es, zumindest in Deutschland, auch nicht darf. 1992 warb in Deutschland eine Diskothek für eine Veranstaltung, die sich in manchen Gegenden der USA und Australiens großer Beliebtheit erfreute. Bei diesem Event wurden junge Männer eingeladen, einen zu diesem Zweck gebuchten »Zwerg« um die Wette zu werfen. Dem Teilnehmer, der die »lebende Kanonenkugel« am weitesten wirft, winken Gewinne und Freigetränke. Im letzten Moment allerdings schritt der Staatssekretär des Ministeriums für Arbeit und Soziales ein und untersagte die seltsame Veranstaltung in der Diskothek. Gegen dieses Verbot wurde geklagt, aber nicht etwa seitens des Discothekenbetreibers oder der Gäste, sondern von dem kleinwüchsigen Menschen selbst, und zwar mit dem Hinweis, dass er mit dem Verbot der Veranstaltung an der freien Berufsausübung gehindert würde. Schließlich verdiene er mit seinem Beruf als Artist seinen Lebensunterhalt. Vorbild war sein französischer Kollege Manuel Wackenheim, der als »Mr. Skyman« bis zu 6000 DM im Monat fürs Herumgeworfenwerden kassierte. Ein Jahr zuvor hatte der Bürgermeister von Morsang-sur-Orge, ein Ort südlich von Paris, nämlich eine ähnliche Veranstaltung wegen Verletzung der Menschenwürde verboten, doch seine Gemeinde hatte anschließend Manuel Wackenheim und seinem Auftraggeber 10000 Francs Schadensersatz für die entgangenen Einnahmen zahlen müssen.

Die Vorstellung, ein jeder könne selbst entscheiden, wann er seine Würde bewahren möchte und wann nicht, ist jedoch ein Missverständnis. So nach dem Motto, wenn ich mich nicht erniedrigt fühle, ist doch alles in Ordnung! Aber die eigene Würde gehört einem nicht, niemand kann daher über sie verfügen. Die Würde des Menschen ist unantastbar, das gilt auch für mich selbst. Konkret bedeutet das: Man darf sich ruinieren, gehen lassen, sein Leben wegwerfen, Unsinniges und Falsches tun – das gehört zur individuellen Freiheit. Seine eigene Würde in der Öffentlichkeit mit Füßen treten, das darf man nicht. Jeder Mensch ist, weil er ein Mensch ist, verpflichtet, seine Würde zu leben.

Der Kläger verlor den Prozess vor dem Verwaltungsgericht Neustadt übrigens. Das sogenannte »Zwergenurteil« wurde berühmt, da hier erstmals eindeutig ein Zusammenhang der Menschenwürde mit der öffentlichen Ordnung hergestellt wurde. Begründet wurde das Verbot der Veranstaltung nämlich mit dem Argument, dass hier ein Mensch zum Objekt gemacht, also nicht mehr als Individuum, sondern wie ein Gegenstand behandelt werde. Und weil das in der Öffentlichkeit geschehe, werde damit den Zuschauern kommuniziert, dass dies okay sei. Das aber kann keine Gesellschaft wollen, die sich der Unantastbarkeit der Würde verschrieben hat. Das gesellschaftliche Interesse wiegt also in diesem Falle höher als die Freiheit der Berufsausübung. (Der Einwand, dass kleinwüchsige Menschen ja oft nur deswegen auf diese fragwürdigen Einnahmemöglichkeiten angewiesen sind, weil sie von der Gesellschaft diskriminiert werden und deswegen schwer einen anderen Job finden, ist natürlich berechtigt. Dieser Umstand konnte jedoch in dem gerichtlichen Urteil nicht berücksichtigt werden.) Dreieinhalb Jahre nach seiner Klage musste übrigens auch Manuel Wackenheim die 10 000 Francs an die Gemeinde Morsang-sur-Orge zurückgeben, der Bürgermeister hatte sich nämlich an die nächsthöhere Instanz gewandt, die dann ihre Entscheidung ähnlich begründete wie das Verwaltungsgericht Neustadt.

An diesen Urteilen wird deutlich, dass die Würde keine Privatangelegenheit ist, sie weist immer über das Individuum hinaus. Mit der Achtung seiner eigenen Würde achtet man gleichzeitig die aller Menschen – und umgekehrt. Mit jeder Entscheidung, die meine Würde betrifft, wirke ich also an etwas Größerem mit. Nämlich an der Vorstellung davon, wie Menschen einander begegnen sollten.

Die Würde ist es,
die uns alle verbindet.

Würde gibt es übrigens auch in unserer Gesellschaft nicht zum Nulltarif. Die Würde zu bewahren bedeutet für alle Menschen, dass sie manchmal auf Dinge verzichten müssen, ohne die sie eigentlich gar nicht leben können. Entscheidet man sich in bestimmten Momenten für seine Würde, kann das schon mal den Job, die Freundschaft oder die Beziehung kosten. Und man ist ein verdammt einsamer Held, wenn man für seine Würde einsteht, denn niemand klopft einem auf die Schulter, wenn man gesagt hat, was man denkt und fühlt und anschließend für eine längere Zeit ohne Gehalt oder Sex oder ein Dach über dem Kopf auskommen muss. Es gibt sie tatsächlich, die Situationen im Leben, in denen man nach einer würdevollen Entscheidung mit nichts weiter dasitzt als der Gewissheit, sich nicht verraten zu haben.

Noch bewundernswerter sind Entscheidungen, die man

zur Wahrung seiner eigenen Würde trifft und damit in Kauf nimmt, weniger auf ihre Würde bedachten Konkurrenten das Feld zu überlassen. Eine Frau, die ihre Traumwohnung im Stadtzentrum nicht kaufen mag, weil sie bei der Besichtigung den ehemaligen Mietern begegnet und begreift, dass der Immobilienanbieter die Wohnung auf ziemlich unschöne Weise entmietet hat. Auch wenn sie weiß, dass der nächste Interessent weniger Skrupel hat und die Mieter ihre Wohnung sowieso nicht zurückbekommen. Der Verzicht auf ein Erbe, weil man sich um Besitz nicht bis aufs Blut streiten will; die Weigerung, während eines Vorstellungsgespräches eine indiskrete Frage zu beantworten; die korrekte Entsorgung des eigenen Sperrmülls, obwohl sich im Hof der Unrat der anderen Mieter stapelt – in all diesen Fällen entscheidet man, sich selbst dann würdig zu verhalten, wenn davon hauptsächlich die Menschen profitieren, die dies nicht tun.

Eine würdige Entscheidung ist nicht davon abhängig, ob einer gerade schaut, lobt oder klatscht.

Seltsamerweise sind die Menschen, die ein feines Gefühl für ihre Würde haben, oft gar nicht besonders stolz darauf. Da es kein Preislimit für die Würde gibt, haben sie nicht selten den Eindruck, sich mit ihrer »Empfindlichkeit« im Wege zu stehen, denn sobald ihre Würde angegriffen wird, ist die Sache ja schon entschieden. Man könnte zu der Auffassung gelangen, dass Arschlöcher oft glücklicher und erfolgreicher durchs Leben gehen. Doch die Würde, erkannte Immanuel Kant, ist einem ja deswegen so kostbar, weil sie eben manchmal viel kostet, und nicht, weil sie so viel einbringt.

Das Bewusstsein für diese Kostbarkeit bringt wiederum sehr wohl etwas ein. Es macht stark, sogar oder gerade in extremen Situationen. Es sind große Momente, in denen ganz normale Menschen begreifen, dass sie, wenn sie jetzt nicht das Richtige tun, es sich ein Leben lang nicht verzeihen würden. Ganz egal, ob sie diese Entscheidung mit ihrem Besitz, ihrer Gesundheit oder mit ihrem Leben bezahlen werden.

So muss es dem Mann am Vormittag des 5. Juni 1989 gegangen sein, der sich in Peking auf der Straße zum Platz des Himmlischen Friedens einem ganzen Konvoi von Panzern entgegenstellte. Allein, mit Plastiktüten in der Hand. In der Nacht zuvor waren die seit Wochen andauernden Studentenproteste blutig niedergeschlagen worden, Hunderte, vielleicht Tausende Studenten waren gestorben. Man kann davon ausgehen, dass es eine spontane Entscheidung war, dass dieser Mann mit einem Mal nicht anders konnte, als das zu tun, was er tat. Was aus dem »Tank Man« genannten Mann geworden ist, ist unbekannt, das Foto dieser Aktion des AP-Fotografen Jeff Widener wurde zur Ikone.

Als man die Iranerin Setare (Name geändert), fünfundzwanzig Jahre alt, fragte, was sie vor ihrer Aktion 2018 gefühlt hat, als sie sich mitten in Teheran auf eine Bank stellte, ihr Kopftuch abnahm und wie eine Fahne schwenkte, gab sie zu, Todesangst gehabt zu haben. Sie wusste ja, was ihr blüht, für diese kleine Geste waren ihre Vorgängerinnen in Haft gekommen, und die meisten sind bis heute nicht freigelassen worden. Und trotzdem will sie weitermachen.

In solchen extremen Verhältnissen ist es leicht, zu erkennen, dass die eigene Würde verletzt wird. Aufgrund der damit verbundenen Lebensgefahr ist es allerdings schwierig, auch danach zu handeln. Im Alltag ist es in der Regel genau andersherum, will heißen, es wäre meistens ein Leichtes, die entwürdigenden Situationen zu beenden, die Schwierigkeit liegt aber darin, überhaupt zu bemerken, dass man gerade respektlos behandelt wurde. Denn die große Frage bei den kleinen Dingen des Alltags lautet stets: Ab wann ist meine Würde verletzt, und wann bin ich einfach nur zu sensibel? Immer feiner nämlich wird das Gespür für echte und angebliche Diskriminierungen, und jede Besonderheit kann zum Anlass genommen werden, eine Spezialbehandlung einzufordern.

Doch ist es wirklich von der Würde abgedeckt, andere mit seinen persönlichen Macken zu terrorisieren?

NICHT ALLE UNBILL IST EINE FRAGE DER WÜRDE

Niemand erwartet, dass das Leben von morgens bis abends Spaß macht. Man leistet unbezahlte Überstunden aus Angst, den Job zu verlieren; heuchelt Begeisterung, um andere nicht zu verletzen; stellt sich blöd, um Ärger zu vermeiden. Es ist eine alltägliche Erfahrung, sich in Zwänge begeben zu müssen, um elementare Bedürfnisse zu befriedigen. Man muss arbeiten gehen, Miete zahlen, einen Supermarkt aufsuchen, sich bei Tinder anmelden. Das kann entwürdigend sein, muss es aber nicht.

Wenn ich jedoch etwas tun muss, das ich für grundfalsch halte, wird die Sache eindeutiger: Werde ich gezwungen, in einer Stadt, in der ich nicht leben will, einen Job anzunehmen, der mich quält, weil mir sonst das Arbeitslosengeld gekürzt wird, dann ist das entwürdigend. Gegen diese Verhältnisse aufzubegehren ist schwierig, besonders wenn man nicht nur für sich allein verantwortlich ist. Als alleinerziehende Mutter zum Beispiel kann man gegenüber dem Arbeitsamt, dem Arbeitgeber oder dem Vermieter vielleicht nicht ganz so vehement auf seiner Würde bestehen, wie man es sich wünscht. Manche Demütigung nimmt man dann einfach hin, um die Würde des Kindes zu wahren.

Verfügt jemand über mich, ohne dass ich mich wehren kann, bleibt von meiner Würde nicht viel übrig. Gibt es Machtgefälle, muss man wachsam sein.

Ist man allerdings unter seinesgleichen, stellt sich die Frage nach der Würde anders. Sind die Machtverhältnisse ausgeglichen, zählen alle Bedürfnisse aller Akteure gleichviel. Wer also dauernd Rücksicht auf seine Speisegewohnheiten, seine Abneigung gegen Lärm und Zigarettenrauch und gegen grobe Sprache einfordert, will mehr, als ihm zusteht. Er macht sich zum »Schwachen«, für den sich die »Stärkeren« bitte schön zurücknehmen sollen. Und unterstellt damit, dass anderen das Beisammensein mit Menschen viel weniger Kompromisse abverlangt als ihm selbst. Diese Menschen wollen vielleicht, dass ihnen, wo sie doch den ganzen Tag übergangen und missachtet wurden, wenigstens von der Familie oder den Freunden Respekt entgegengebracht wird. Doch sie kämpfen an falscher Front.

Eine falsche Entscheidung:
Seine Freunde quälen, anstatt
die Verhältnisse zu ändern.

Genau das und nichts anderes wollte Catherine Deneuve sagen, als sie sich im Rahmen der MeToo-Debatte in einem offenen Brief mit dem ungeschickten Titel *Die Freiheit zu belästigen* an die Öffentlichkeit wandte. Es müsse, so ihr Argument, erlaubt sein, dass ein Mann ungeschickt flirtet oder sich auf vulgäre Weise einer Frau annähert. Hat er bei ihr keinen Erfolg, wird er es schon merken. Mann und Frau, so Deneuve, können sich nur begegnen, wenn jeder sich so zeigen darf, wie er ist. Aber wie soll das gehen, wenn nur ein bestimmtes Verhalten erlaubt ist? Der Anspruch, dass mein Gegenüber sich nur so verhalten darf, wie es mir gefällt, raubt ihm ja jede Handlungsfreiheit. Würdevoll ist das nicht, denn andere Menschen sind schließlich nicht auf der Welt, um mir alles recht zu machen, auch Männer nicht. Wie soll man flirten, wenn man nichts ausprobieren und nicht experimentieren darf? Angepasstes Verhalten ist kein Flirten, Flirten ist immer Grenzüberschreitung – gerade dadurch, dass ich die Grenzen von jemandem überschreite, merkt dieser doch erst, dass ich etwas Besonderes von ihm will! Erst die unausgeglichenen Machtverhältnisse machen die Sache problematisch: Der Filmproduzent Harvey Weinstein darf eben einer Schauspielerin nicht in den Schritt fassen, wenn sie zu einer Dienstbesprechung in sein Hotelzimmer kommt – würde er dies in einem Darkroom tun, den die dort anwesenden Frauen freiwillig betreten haben, wäre es kein Problem.

Ist der Mann in einer überlegenen Position und die Frau von ihm abhängig, kann sie ihr Missfallen nicht deutlich zum Ausdruck bringen, ohne dass es ihr zum Nachteil gereicht. Diese Asymmetrie ist in vielen (aber nicht in allen) Situationen der Fall. Das ändert aber nichts am Prinzip, dass wir alle die Freiheit haben, uns danebenzubenehmen.

Wir verderben uns also selber den Spaß, wenn wir einander nicht mehr ärgern, reizen, irritieren oder dreckige Witze erzählen dürfen. Es ist vorauseilender Gehorsam, wenn jeder Mensch sich nur noch so gibt, wie er vermutet, dass es andere gut finden. Das macht keine einzige Frau freier, dafür aber alle unfreier.

Freiheit bedeutet nicht, dass mir alles gefallen muss, was andere Menschen tun.

Jede Entscheidung sollte jedoch darauf abzielen, dass sich die persönliche Freiheit vergrößert – ohne natürlich die der anderen zu beschneiden. Das ist letztlich das Motiv hinter jeder unserer Handlungen, selbst, wenn sich Menschen bewusst in Unfreiheit begeben. Sie erwarten oder hoffen, dafür frei von Verantwortung, Einsamkeit oder Geldsorgen zu werden. Ob sich diese Arrangements auszahlen, muss jeder im Einzelnen abwägen. Doch auch in einer Ehe und als Angestellter oder mit Kindern und/oder einem Bausparvertrag kann man seine Würde bewahren, solange die Richtung stimmt: Frei sein ist das Ziel, auf das alles hinausläuft.

FREIHEIT IST VOR ALLEN DINGEN DIE FREIHEIT VON MEINEN BEDÜRFNISSEN

Dass die Frage der Würde kompliziert ist, lernt man sehr früh. Einerseits geht es darum, auf seinem Recht der Befriedigung elementarer Bedürfnisse zu bestehen, aber andererseits darf man die Kugel Vanilleeis nicht vom Boden auflecken, wenn sie einem runtergefallen ist – selbst wenn man kein Geld mehr hat, um sich eine neue zu kaufen. Man begreift also schon als Kind, dass es darauf ankommt, WIE man seine Bedürfnisse auslebt und dass es eine Frage der Ehre ist, im Zweifelsfall stolz zu verzichten. Daraus folgt, dass es einer gewissen Unabhängigkeit von seinen Bedürfnissen bedarf, um wirklich freie Entscheidungen zu treffen. Geistesfreiheit, schrieb Friedrich Schiller Ende des 18. Jahrhunderts, bedeutet die Beherrschung der Triebe durch moralische Kraft. Man macht sich eben nicht zum Deppen auf Hibiscus Island für ein bisschen Freundschaft wie Muriel oder erniedrigt sich für Geld, Schokolade oder Sex. Nur wer nicht der Sklave seiner Bedürfnisse ist, kann würdig entscheiden.

American Beauty: Verzichten zu können ist eine Frage der Würde:

Der verheiratete Angestellte eines Zeitschriftenverlags, Lester Burnham, befindet sich in einer Midlife-Crisis, er und seine Frau lieben sich nicht mehr, die pubertierende Tochter will nichts von ihm wissen. Als er sich in die hübsche Freundin seiner Tochter verliebt, fängt er an, sein Leben zu verändern, er trainiert, um sich wieder in Form zu bringen, kündigt seinen Job, freundet sich mit dem Sohn des Nachbarn an. Und dann passiert das Unglaubliche: Eines Tages ist er mit dem jungen

Mädchen allein, sie stehen voreinander,
sie küssen sich, er spürt, sie wäre nicht
abgeneigt. Als sie ihm schließlich ge-
steht, dass sie Jungfrau ist, kommt er zur
Besinnung; statt mit ihr zu schlafen, backt
er ihr Pfannkuchen. Und rettet mit dieser
Entscheidung die Würde seiner Liebe.

Es versteht sich von selbst, dass ich als Erwachsene die
Spannung zwischen einem sehnlichen Wunsch und seiner
Nichterfüllung aushalten kann. In einem Interview zu
ihrem neunzigsten Geburtstag verrät die Sexualtherapeutin
Ruth Westheimer, was sie sich wünscht: Einen Mann hätte
sie gerne noch in ihrem Leben, unternehmungslustig und
nett, tanzen soll er können und Humor soll er haben, so wie
sie. Sie macht deutlich, dass es ihr ernst ist: »Schreiben Sie
das ruhig«, befiehlt sie ihrem Interviewer von der *Süddeutschen Zeitung*, damit, falls sich der Gesuchte da draußen
unter den Lesern der Zeitung befindet, er weiß, bei wem er
sich melden soll. Auch Beate Uhse hat sich ein Dreiviertel-
jahr vor ihrem Tod in einem Fernsehinterview noch einen
Liebhaber gewünscht. Man kann davon ausgehen, dass
diese beiden intelligenten Frauen die Wahrscheinlichkeit,
dass das Gewünschte auch eintritt, sehr gut einschätzen
konnten. Und selbstverständlich haben beide Frauen sich
nicht etwa deswegen öffentlich zu ihren Sehnsüchten bekannt, um uns, das Publikum, um Hilfe bei der Suche zu
bitten, sondern um uns an ihren Wünschen teilhaben zu
lassen.

Vielen Menschen sind ihre Wünsche peinlich, nur weil sie unerfüllbar sind. Sie glauben, sie machen sich lächerlich, wenn sie sich etwas wünschen, was sie wahrscheinlich nicht bekommen können. Doch sich für seine Wünsche schämen und sich selbst verachten ist im Grunde dasselbe. Würde heißt, sich im entscheidenden Moment zu sich selbst zu bekennen – und was gibt es Essenzielleres als die eigenen Wünsche?

Doch was passiert, wenn man auf der Erfüllung seiner Wünsche besteht? Ursprünglich hatte der Wiener Pädagoge Rudolf Dreikurs in den Sechzigerjahren das Konzept der störenden Nahziele entwickelt, um das Verhalten besonders auffälliger und anstrengender Kinder zu beschreiben. Seitdem fehlen die sogenannten »vier störenden Nahziele«, also das Demonstrieren von Hilflosigkeit, der Kampf um Aufmerksamkeit um jeden Preis, Macht und Kontrolle und Rache, in keiner pädagogischen Ausbildung. Doch nach und nach stellte man fest, dass sich damit nicht nur das Gebaren auffälliger Kinder, sondern auch das von Erwachsenen gut beschreiben lässt. Ein Mensch, der auf eines dieser Nahziele setzt, ist jemand, der nicht daran glaubt, dass er das, was er braucht, auch bekommen wird. Deswegen nervt er, um auf diese Weise die gewünschte Aufmerksamkeit zu erhalten, er manipuliert und übt Macht aus, um anerkannt zu werden, und rächt sich, wenn das – was natürlich oft geschieht – nicht funktioniert. Als letztes und viertes Mittel gibt es noch die Selbstaufgabe, bei der der Betroffene sich komplett gehen lässt, um wenigstens bemitleidet zu werden.

Für diese Kinder und Erwachsenen sind ihre Wünsche keine Quelle der Selbsterkenntnis, sondern eine Quelle der Demütigung. Wer etwas wünscht, so ihre innere Überzeugung, und es nicht bekommt, mit dem muss »etwas nicht stimmen«, der maßt sich ganz offensichtlich etwas an, was ihm nicht zusteht. Beziehungsweise er tut wohl offensichtlich nicht genug, damit seine Wünsche in Erfüllung gehen. Dass auch andere Menschen ihre Wünsche nicht immer erfüllt bekommen, blenden sie vollkommen aus.

Nur wer daran zweifelt, dass er es theoretisch wert wäre, seine Wünsche erfüllt zu bekommen, braucht den Beweis in der Praxis. Doch je mehr man andere Menschen zwingen will, desto weniger wollen sie einem das Gewünschte geben. Kein Wunder, dass man irgendwann auf die Idee kommt, seine Wünsche und Bedürfnisse lieber zu verleugnen, damit man nicht eine Abfuhr nach der anderen kassiert.

Nicht warten können, bis einem das Gewünschte geschenkt wird, führt immer wieder zu falschen Entscheidungen.

»Du bist es wert, dass deine Wünsche erfüllt werden« ist eine fatale Botschaft, die uns in der Motivationsliteratur und im Alltag ständig begegnet. Das Problem dabei ist: Man knüpft früher oder später seinen Selbstwert an den Umstand, ob das Gewünschte tatsächlich eintritt – und das ist würdelos. Denn darüber haben wir keine Macht.

Für jemanden, der an seinem Selbstwert zweifelt, klingt es paradox, aber frei von seinen Bedürfnissen wird nur derjenige, der sie sich zugesteht. Sie offen zu äußern ist ein Ausdruck meiner Freiheit, ob ich sie dann erfüllt bekomme, ist nebensächlich, manches kann man eben nicht erzwingen. Daher geht es beim Kampf um die eigene Würde auch nie um das Ergebnis, wichtig ist nur, dass man es versucht.

DIE WÜRDE HAT ZEIT

Weil es bei der Würde nie darum geht, wie eine Situation für die anderen aussieht, sondern um die innere Haltung, ist es im Zweifelsfall auch nicht schlimm, wenn man Jahre braucht, um die richtige Entscheidung zu treffen. Hauptsache, man trifft sie. Die Fragen der Würde bleiben immer aktuell, und nie ist es zu spät, um sich zur eigenen Würde zu bekennen.

Entscheidungs-Tipp: Was würden Sie als Großmutter dazu sagen?

Wie gerne hätte man in manchen Situationen einen Rat von einem Menschen, der voll und ganz zu einem steht. Gibt es diese Person gerade nicht, kann man sie sich imaginieren. Dazu stellt man sich vor, man sei seine eigene Großmutter. Diese muss mitnichten der wirklichen Großmutter ähneln; die imaginierte Großmutter ist natürlich eine ideale alte, weise und sehr freundliche Frau. Nun sitzt diese Großmutter auf einer Parkbank, man setzt sich dazu und schildert seine Situation. Zu welcher Entscheidung würde die ideale Großmutter in mir raten?

Eine treue Begleiterin der Würde ist die Vergebung. Man sollte sich immer verzeihen, dass man so lange gezögert hat, schließlich hatte man seine Gründe. Jeder weiß, dass man mit größten Widerständen rechnen muss, sobald man beginnt, mehr Respekt einzufordern. Die Umgebung hat sich schließlich daran gewöhnt einen auszunutzen, und Menschen tun einiges, um ihre Gewohnheiten und die daraus resultierenden Vorteile zu verteidigen. Darauf will man gut vorbereitet sein, mit Ultimaten kann man nämlich wenig Eindruck machen, wenn das Gegenüber weiß, dass mit den angedrohten Konsequenzen nie zu rechnen ist. Nicht immer hat man im Leben die Handlungsfreiheit, die man sich wünscht. Eine alleinerziehende Mutter kann nicht ohne Weiteres kündigen, wenn sie von Kollegen erniedrigt wird. Und wer will gleich sein Haus verkaufen, nur weil der Nachbar nicht müde wird, einen zu verklagen? Und wohin mit einem Teenager, der nicht aufhört, einem auf den Nerven herumzutrampeln? Doch hat man sich einmal eingestanden, dass man sich von einem Freund/einer Freundin oder den Eltern oder Kindern würdelos behandelt fühlt, wird man hinter diesem Eingeständnis kaum zurückgetreten können. Mit einer würdelosen Situation kann man keinen Frieden schließen.

Wenn es um die eigene Würde geht, ist eigentlich schon alles entschieden.

Die eigene Würde nicht aus dem Blick zu verlieren ist bereits die Verteidigung derselben. Sobald man erkennt, dass man Besseres verdient hat, ist man schon ein anderer geworden.

8
WILL ICH DENN,
WAS ZU MIR PASST?

Von der Entscheidung, ein anderer zu sein

*»Frei sein heißt nicht wollen, was man will,
sondern tun können, was man will.«*

Robert Hamerling

Ein anderer sein A

Just an dem Wochenende, an dem Sie einen Freund im europä-
ischen Ausland besuchen, ist Ihr Freund zu einer Party eingela-
den. Doch am Nachmittag fängt er an zu kränkeln, und am
Abend verkündet er, dass er keinesfalls aus dem Haus gehen
kann. Sie haben nun zwei Möglichkeiten, Sie bleiben an einem
Samstagabend zu Hause und leisten ihm Gesellschaft oder Sie
gehen allein auf die Party. Sie entscheiden sich für Letzteres, und
zwei Stunden später stehen Sie in einem großen Raum voller
Ihnen unbekannter Menschen und halten sich an Ihrem Drink
fest. Nicht weit von Ihnen entfernt lehnt ein sehr attraktiver
Mann/eine sehr attraktive Frau an der Wand, beim ersten flüch-
tigen Blickkontakt lächeln Sie, doch der Mann/die Frau lächelt
nicht zurück. Es könnte natürlich sein, dass er oder sie Ihr Lä-
cheln nicht bemerkt hat, immerhin ist es ziemlich dunkel.
Haben Sie den Mut, es ein zweites Mal zu versuchen?

Nun stellen Sie sich das gleiche Szenario noch einmal vor: Sie
gehen alleine auf eine Party in einer fremden Stadt, allerdings ist
die Legende des Freundes, der Sie eingeladen hat, aber im letzten
Moment erkrankt ist, nur erfunden worden, um Sie hier einzu-
schmuggeln. Sie arbeiten für den Geheimdienst, Ihr Auftrag ist
es, den sehr attraktiven Mann/die sehr attraktive Frau kennen-
zulernen und ihm/ihr näherzukommen. Denn genau diese Per-

son ist höchstwahrscheinlich an einer groß angelegten Medikamentenfälschung beteiligt, die in Ihrem Land bereits einige Kinder das Leben gekostet hat. *Damit nicht noch weitere Kinder zu Schaden kommen, müssen die geheimen Vertriebswege dieser gefälschten Medikamente in Erfahrung gebracht werden.* Beim ersten flüchtigen Blickkontakt lächeln Sie, doch der Mann/die Frau lächelt nicht zurück. Es könnte natürlich sein, dass er oder sie Ihr Lächeln nicht bemerkt hat, immerhin ist es ziemlich dunkel. Werden Sie es ein zweites Mal versuchen?

Ein anderer sein B
Sie waren auf einer Karnevalsparty und machen sich auf den Heimweg. Da Sie betrunken sind, gehen Sie zu Fuß, auf der Straße fallen Sie in Ihrem Ganzkörperkostüm mit dazugehöriger Zebramaske nicht auf, schließlich gab es heute Abend mehrere Kostümpartys in der Stadt. An einer Straßenecke kommen Sie an einem Spätkauf vorbei, an dem eine Menge los zu sein scheint. Als Sie näher kommen, stellen Sie fest, dass es sich mitnichten um einen Spätkauf handelt, sondern um einen regulären Supermarkt, der gerade von einem Dutzend Menschen geplündert wird. Noch ist keine Polizei zu sehen – was tun Sie?

Ein anderer sein C
Auf einem Kulturempfang, den Sie aus beruflichen Gründen besuchen, entdecken Sie eine ältere Schauspielerin, die Sie in Ihrer Kindheit sehr gern mochten, daher lächeln Sie ihr zu. Die Schauspielerin lächelt aber nicht nur zurück, sondern bedeutet ihnen mit Gesten, zu ihr herüberzukommen. Überrascht tun Sie wie geheißen und werden von der Schauspielerin mit den Worten begrüßt »Ach, Herr X, wie schön, Sie nach langer Zeit zu sehen. Wie geht es Ihnen?« Es ist eindeutig, dass die Schauspielerin Sie mit jemandem verwechselt. Gerade wollen Sie den

Irrtum aufklären, als ein Mann und eine Frau hinzukommen, denen Sie von der Schauspielerin enthusiastisch vorgestellt werden: »Kennen Sie Herrn X? Seine Kamerafahrten sind legendär!« Die Hinzugekommenen schütteln Ihnen die Hand und versichern, dass sie Ihre Arbeit kennen und schätzen. Irgendwie verpassen Sie den Moment, zu sagen, dass Sie nicht der sind, für den man Sie hält, denn es beginnt sogleich ein lebhaftes Gespräch über Filme, Regisseure und Schauspieler. Weitere Personen kommen hinzu, und nun gibt es erst recht keinen Grund, die muntere und interessante Diskussion zu unterbrechen. Als ein Film gelobt wird, den Sie ebenfalls gesehen haben und der Ihnen gar nicht gefallen hat, mischen Sie sich ein: »Also, ich fand den Film langweilig.« Erstaunt registrieren Sie, wie die kleine Gesellschaft sofort auf Ihre Meinung umschwenkt, der Film sei wirklich langweilig gewesen, ist man sich plötzlich einig, man habe ihn nur gesehen wegen der Schauspielerin, die aber natürlich unter ihren Möglichkeiten geblieben sei. »Das läge am Regisseur«, versuchen Sie es, und tatsächlich es klappt, binnen weniger Minuten sind alle Filme dieses Regisseurs verrissen, und seine Person ist bei den Umstehenden in Ungnade gefallen. Ihr Doppelgänger scheint wirklich ein Schwergewicht in dieser Branche zu sein.

Bleiben Sie in Ihrer neuen Rolle? Und wenn ja, wie weit würden Sie dieses Spiel treiben?

REICHT ES, ALLES GANZ ANDERS ZU MACHEN, UM EIN ANDERER ZU WERDEN?

Manchmal möchte man einfach ein anderer sein, einmal spüren, wie sich das Leben anfühlen könnte, würde man nicht im Käfig seiner eigenen Persönlichkeit stecken. Doch das ist gar nicht so einfach!

Eines Tages beschließt Luke Rhinehart, sein Leben interessanter zu gestalten, indem er bestimmte Entscheidungen auf der Grundlage eines Würfels trifft. Dabei ordnet der bis dahin untadelige Therapeut und Familienvater einer Zahl von eins bis sechs bestimmte Handlungsoptionen zu und lässt den Würfel »entscheiden«, ob er diese ausführen muss. Was als seltsames Experiment beginnt, wird zur Manie. Wie mit den Kindern umgehen, mit seiner Frau, seinen Klienten – keine Entscheidung mehr ohne den Würfel. Er ist fasziniert von seiner neuen Entdeckung, immer obskurer und monströser werden seine Projekte, durch den Würfel ist er plötzlich in der Lage, Dinge zu tun, die er normalerweise nicht getan hätte. Und er sammelt Erkenntnisse über andere Menschen, die ihm sonst verborgen geblieben wären, so will er eines Tages die Nachbarin vergewaltigen, weil der Würfel es so »befohlen« hat, kommt aber nicht dazu, weil diese, kaum hat er bei ihr geklingelt, beginnt ihn zu verführen. Nun ist alles möglich, und zum ersten Mal in seinem Leben fühlt er sich frei.

Der Roman *Der Würfler* von George Cockcroft avanciert

in den Siebzigerjahren in den USA zum Kultbuch, Klubs wurden gegründet, in denen Menschen tatsächlich ausprobierten, was passiert, wenn man seine Entscheidungen an eine quasi höhere und unbestechliche Instanz abgibt. Der Würfel bringt in ihnen »das andere« zum Vorschein und lässt die Klubmitglieder ihre geheimsten Wünsche ausleben. Selbstverständlich waren extreme Projekte wie die der Romanfigur Luke Rhinehart ausgenommen. Die Klubs hatten aber trotzdem eine Berechtigung, da die meisten Menschen ja viel harmlosere Wünsche haben, die sie sich dennoch nicht auszuleben trauen. Jedem ist sofort klar, dass die ganze Sache ohne den Würfel niemals funktionieren würde; es wäre einfach nicht dasselbe, wenn man diese abenteuerlichen Vorhaben völlig grund- und anlasslos in die Tat umsetzen würde. Es ist der selbst auferlegte Zwang, dem Würfel zu gehorchen, der einen von seinen Bedenken und Zweifeln befreit.

Nichts hindert einen so sehr am Leben wie die eigene Vernunft. Man könnte diese These auf die Spitze treiben: Schon das Leben selber ist nicht »vernünftig«, denn alles, was man im Leben lernt, leistet oder anhäuft, ist am Ende verloren. Selbst die, die immer gesund essen, genug schlafen und nie übertreiben, müssen am Ende sterben. Sich von den Fesseln dieser Vernunft zu befreien, ist also oberstes Gebot, wenn man etwas Neues, Interessantes und Aufregendes erleben will.

Was die Vernunft empfiehlt, ist vorhersehbar, was vorhersehbar ist, macht keinen Spaß.

Die Idee hinter dem Würfelexperiment ist klar: Nur neue Erlebnisse können einen zum anderen, neuen Menschen machen. Die Entscheidung, welche Erlebnisse das sein sollen, kann man aber schlecht demjenigen überlassen, der man nicht mehr sein will, also sich selbst. Wer einmal versucht hat, sich selber zu entfliehen, weiß, in welchen Peinlichkeiten das enden kann. Man ist eben nicht geübt in den Dingen, die einem nicht entsprechen. Und manchmal weiß man überhaupt nicht, was man machen soll. In einer Folge der amerikanischen Sitcom *Seinfeld* scheitert die Figur des George Constanza an genau diesem Vorhaben. Um einmal nicht der verquere, komplizierte, uncoole Intellektuelle sein zu müssen, der er ist, beschließt er, einen Tag lang einfach das Gegenteil von dem zu tun, was er sonst tun würde. Doch schon bei der ersten Gelegenheit, in einer Cafeteria mit Freunden, weiß er nicht mehr weiter: Was ist bitte schön das Gegenteil von »ein Thunfisch-Sandwich bestellen«? Immerhin sind sich er und seine Freunde einig, dass ein Mensch, der ganz anders ist als George Constanza, die sehr gut aussehende Frau am Tresen ansprechen würde. Das tut George Constanza dann auch – aber natürlich ist das Ergebnis das Gleiche wie sonst auch. Da er sie auf die ihm typische Art und Weise anspricht (verquer, kompliziert und uncool), bleibt die Aktion ohne Erfolg.

Die Vorstellung, man selbst sein zu müssen, um selbstbewusst zu sein, ist weitverbreitet. Sich zu verstellen gilt als schlecht. Nicht wenige plagt die Angst, sich in vorgeschriebenen Normen und Rollen zu verlieren – und dadurch nicht das leben zu können, was ihnen wirklich entspricht.

Die berühmte Maxime des griechischen Dichters Pindar »Werde, der du bist« wird selten infrage gestellt, gerne

wüsste man »wer man ist«, sodass man in den Schlüssel-
momenten seines Lebens die entsprechenden Entscheidungen treffen kann. Dabei wird oft vergessen, dass die
gegenteilige Angst ja auch existiert und im Übrigen die
sehr viel größere ist: Viel schrecklicher als die Vorstellung,
nicht man selbst sein zu können, ist doch die Angst, kein
anderer sein zu können. Dass immer dasselbe herauskommt, ganz gleich, was man tut – man also trotz radikals-
ter Entscheidung immer in sich gefangen bleibt. Und verurteilt ist, auf ewig der Bummelant, die Nervensäge, das
Muttersöhnchen, der Feigling und die Langweilerin sein zu
müssen, bis ans Ende aller Tage.

Als Kind wusste man noch sehr genau, dass man auf keinen Fall man selbst sein kann, wenn man wirklich frei sein
will. Kinder wollen nie »sie selbst sein«, sie wissen ja schon,
dass sie es sind. Viele erfolgreiche Kinderbücher erzählen
deshalb die Variation ein und desselben Themas: Eine kindliche Hauptfigur erfährt plötzlich, dass sie nicht die Person
ist, für die sie sich selbst und die anderen sie immer gehalten haben. Ein armes Mädchen ist plötzlich eine Prinzessin, ein adoptierter und von allen herumgeschubster Junge
ist in Wirklichkeit ein berühmter Zauberer, eine Schülerin
trifft ein Mädchen, das ihr wie aus dem Gesicht geschnitten
ist und tauscht mit ihm die Rollen. Dies sind Geschichten
einer Befreiung – nämlich vom eigenen, engen Selbstbild.
Und dieses Selbstbild basiert auf der Annahme, dass mich
die anderen auf eine bestimmte Art und Weise sehen. Um
allen zeigen zu können, wer ich auch sein könnte, muss ich
also erst einmal in ihren Augen ein anderer sein.

Das Tolle ist, der Anschein genügt. Faschingspartys
sollen einem genau das ermöglichen, ohne große Vorbe-
reitung eine andere Rolle einzunehmen. Menschen ver-

stecken sich hinter Karnevalsmasken, um aus sich herauszugehen. Und jeder, dem sie in dieser Verkleidung begegnen, wird dieses Spiel mitspielen und den Verkleideten anders behandeln, eben so, wie es die Aufmachung verlangt. Einmal anders gesehen zu werden ist ein erhebendes Erlebnis, neue Menschen kennenzulernen ist ja unter anderem deswegen (manchmal) so aufregend, weil wir durch sie die Chance bekommen, aus unserem alten Ich auszusteigen. Für manche kommt es einer Erleuchtung gleich, wenn sie für längere Zeit ins Ausland reisen und die Erfahrung machen, dass die gleichen Eigenschaften von den Menschen, die man dort trifft, ganz anders interpretiert werden als zu Hause. Plötzlich ist man nicht ZU laut, sondern lustig und lebendig, oder umgekehrt, nicht ZU ruhig, sondern angenehm bescheiden. Dann nimmt man nicht immer alles ZU genau, sondern macht es endlich einmal richtig, ist nicht ZU anstrengend, sondern durchsetzungsfähig, nicht ZU nachgiebig, sondern ein höflicher Mensch. Was auch immer einen ausmacht, bekommt durch die Augen eines neuen Freundes einen anderen Akzent, und genau den braucht es von Zeit zu Zeit, um seinem Leben wieder die richtige Richtung zu geben.

Ohne die anderen können wir kein anderer sein.

Von der Befreiung durch den anderen Blick leben Verwechslungskomödien; eine Prinzessin entschlüpft ihren Bewachern, nur um einmal unerkannt wie eine ganz gewöhnliche junge Frau durch eine Großstadt zu bummeln.

Eine normale Person wird für eine Berühmtheit gehalten und muss sich, weil alle Aufklärungsversuche nicht fruchten, notgedrungen in ihre neue Rolle fügen. Ein arbeitsloser Schauspieler sieht sich gezwungen, sich als Frau zu verkleiden, um eine weibliche Hauptrolle in einer Fernsehserie zu bekommen. Natürlich erkennen die Verwechselten oder Verkleideten schnell, welch großen Spaß es macht, dieses Spiel mitzuspielen, schon allein deswegen, weil sie das Gefühl haben, es im Notfall abbrechen zu können. (Wobei natürlich der Ruf »Jetzt ist der Spaß vorbei, ich bin es!« in den Verwechslungskomödien oft ungehört verhallt.)

In der Agentenparodie *Der große Blonde mit dem schwarzen Schuh* wird die Hauptfigur François Perrin in den Kampf rivalisierender Geheimdienstler hineingezogen. Er, der zerstreute Geiger wird am Flughafen von einem Mitarbeiter des Geheimdiensts ohne sein Wissen ausgewählt, als Lockvogel zu fungieren. Nun wird er von Agenten und Spionen verfolgt, die alles, was er tut, auf ihre Weise deuten. Hinter seinem nicht eingehaltenen Zahnarzttermin, den Treffen mit seiner Geliebten und den Orchesterproben vermuten sie geheime Aktionen. Da sie sich aber keinen Reim auf sein Verhalten machen können, wird schließlich eine weibliche Agentin auf ihn angesetzt. Der ahnungslose und natürlich völlig harmlose François Perrin kann es gar nicht fassen, dass sich so eine Wahnsinnsfrau für ihn interessiert, diese wiederum verliebt sich in François, weil sie am vermeintlich gefährlichen Spion so überraschend zarte und poetische Seiten entdeckt.

In *Reine Nervensache* wird Ben Sobel, ein typischer New Yorker Psychiater, von dem Mafiaboss Paul Vitti gezwungen, seine Therapie zu übernehmen. Seitdem Paul Vitti die Nachfolge als Oberhaupt seiner kriminellen Familie angetreten hat, hat er nämlich Panikattacken. Kein Wunder, denn er hat Jahre zuvor mit ansehen müssen, wie sein Vater in einer Schießerei ums Leben kam. Doch die Therapie ist nicht einfach, es gibt zwar Fortschritte, aber auch Rückschläge, und so kommt es, dass Ben Sobel sich plötzlich auf einer Mafia-Versammlung wiederfindet und seinen Klienten vertreten muss. Ben Sobel begreift natürlich augenblicklich, dass er sich vor diesen Schwerverbrechern kein Anzeichen von Schwäche erlauben darf, denn ansonsten wird er hier nicht lebend herauskommen. Die Therapie des Mafiabosses wird also zu seiner eigenen, die außergewöhnlichen Situationen, in die er mit Paul Vitti gerät, zwingen ihn, brutaler, aber vor allen Dingen selbstbestimmter zu sein. Plötzlich kann er sich gegen seinen erfolgreichen und dominanten Vater durchsetzen, und auch gegenüber seiner Verlobten und seinen Klienten tritt er entschiedener auf. Das alles kommt zu seiner Überraschung bei seiner Umgebung gut an. Irgendwann stellt Ben Sobel fest: Er ist ein freierer und glücklicherer Mensch geworden.

Diese Verwandlung ist mit Geld nicht zu bezahlen. Nicht einmal der berühmte Lottogewinn kann einem eine solche Persönlichkeitsveränderung schenken, wie man weiß, denn zahlreiche Studien beweisen, dass man nach einem anfänglichen Stimmungshoch ob des gewonnenen Geldes rasch wieder zu dem wird, der man vorher war. Man kann halt nicht aus seiner Haut heraus.

Natürlich sind die meisten Menschen einigermaßen einverstanden mit dem Leben, das sie führen; sie haben es sich selbst ja so eingerichtet. Doch richtig aufregend ist das in der Regel nicht. Die Figur des Chemielehrers Walter White, der nach einer Krebsdiagnose beschließt, Drogen herzustellen und Dealer zu werden, ist deswegen so faszi-

nierend, weil sich nahezu jeder, der die Serie *Breaking Bad*
gesehen hat, mit ihm identifizieren kann. Da ist einer, der
nicht damit gerechnet hat, dass vor seiner Rente noch einmal etwas Interessantes passiert, nun, wo ihm nicht mehr
viel Zeit bleibt, trifft er die radikale Entscheidung, die ihn
zu einem anderen Menschen macht. Die Geschichte von
Walter White zeigt aber auch, worin das größte Hindernis
für eine entscheidende Wende im Leben besteht. Es fehlt
den meisten nämlich gar nicht der Mut, aus ihrer Alltagsroutine auszubrechen, wie allseits behauptet wird, sondern
schlicht und einfach der Grund! (So ergäbe ohne die Krebsdiagnose das Verhalten von Walter White gar keinen Sinn.)

Gibt es keine Gründe, muss man sie spielen. Gespielte
Gründe sind übrigens auch besser als echte. Das kann jeder
bestätigen, der morgens sein Horoskop liest, um zu erfahren, was ihn heute »erwartet«. Da steht an einem Tag der
Rat, man solle heute bei Auseinandersetzungen nicht auf
Konfrontation gehen, da man dabei nur verlieren könne.
Am nächsten, dass man, wenn man von den Kollegen nicht
untergebuttert werden will, einmal deutlich seine Meinung
sagen soll. Und natürlich wird man das jeweils Empfohlene
auch tun, denn woher sonst soll man wissen, wann was
angebracht ist? Mit Nachdenken käme man hier nicht weiter. Keiner, der vor einer Entscheidung sein Horoskop befragt, glaubt jedoch ernsthaft, dass man mithilfe von Horo-
skopen in die Zukunft schauen kann. Würde man daran
glauben, könnte man sein Horoskop nämlich aus lauter
Angst vor der Wahrheit nicht lesen. Die Astrologie ist ein
Spiel, es liefert die vorgeschobenen Gründe, mit denen sich
die jeweiligen Entscheidungen nicht ganz so willkürlich
anfühlen, wie sie es in Wirklichkeit sind.

*Gerade die Gründe, die man nicht
wirklich ernst nehmen kann, sind
die besten.*

Dass Spiele und Verkleidungen tatsächlich zu gelungenen oder zumindest interessanten Veränderungen führen, ist also eine Alltagserfahrung. Dass damit noch viel mehr möglich ist, stellte die Harvard-Professorin Ellen Langer in ihrem berühmtesten Experiment Anfang der Achtzigerjahre fest. Sie bat Männer um die achtzig Jahre in ein ehemaliges Kloster in New Hampshire, dort sollten sie für eine Weile leben und so tun, als wären sie fünfzig Jahre alt. Damit ihnen das leichterfiel, war alles in dem Kloster so eingerichtet wie vor fünfundzwanzig Jahren, sogar im Radio und im Fernsehen liefen die Sendungen von damals. Am Abend diskutierten sie über Themen, die vor zweieinhalb Jahrzehnten aktuell waren. Und natürlich wurde auch das Essen nicht serviert, sondern musste – wie früher – selbst zubereitet werden. Schon nach einer Woche waren die Probanden nicht nur beweglicher geworden, sondern schnitten in Hör-, Seh- und Intelligenztests besser ab. Menschen, denen man Fotos der Achtzigjährigen vorlegte, die nach dem Aufenthalt gemacht wurden, schätzten diese deutlich jünger ein.

Das Spiel »ich tue mal so, als ob ich fünfzig Jahre alt wäre« hat diese Männer also tatsächlich zu anderen gemacht. Doch ohne die Anweisung von außen, das heißt durch Ellen Langers Arrangement, hätten sie diese Veränderung nicht erreichen können. Dabei hätten sie mit Sicherheit bestätigt, dass man, wie es so schön heißt, so alt ist, wie man sich fühlt. Doch die Einsicht allein ist ja noch kein

Grund, an irgendeinem beliebigen Tag alles anders zu machen, als man es bisher gemacht hat. Für eine solche Entscheidung braucht es einen Rahmen und natürlich auch ein Publikum.

Durch ein Spiel bringt man sich in Situationen, in denen man gezwungen wird, das zu tun, was man für richtig hält. Dadurch erspart man sich das mühselige Entscheiden. Jeder kennt diese Art von Selbstexperimenten, man veranstaltet mit Freunden einen Wettbewerb, wer in einer Woche mehr abgenommen und/oder mehr Fremde angesprochen hat. Man darf einen Tag lang entscheiden, was die Familie tut, und am nächsten Tag ist ein anderer der Bestimmer. Man verabredet sich mit Freunden zum Joggen, sodass man sich nicht mehr drücken kann; lebt für eine Weile in einem fremden Land, wo einem nichts anderes übrig bleibt, als die Sprache zu lernen; bewirbt sich bei einer Firma, bei der man gar nicht arbeiten will, um auszuprobieren, was in einem Vorstellungsgespräch alles möglich ist. Oder man verabredet mit sich selbst, die nächste Einladung des Schicksals anzunehmen, ob man nun Lust hat oder nicht. Alles, was einem die Entscheidung abnimmt, befreit. Denn was man nicht wirklich selbst entschieden hat, muss man auch nicht bereuen.

Auch gute und vernünftige Entscheidungen sind am Ende ein Glücksspiel, und man spielt immer dann am besten, wenn man die Sache nicht ganz so ernst nimmt. Das gibt einem auch die Freiheit, das Spiel vorzeitig zu beenden, falls das ohne allzu große Verluste möglich ist. Wer zwanghaft nach der richtigen Entscheidung sucht, verschwendet nur seine Zeit. Was man unbedingt will, muss man nämlich gar nicht entscheiden, das macht man ja sogar, wenn andere Menschen einen versuchen, daran zu hindern. (»Hier stehe ich und kann nicht anders.«) Bei allem anderen reicht es, wenn man weiß, was man nicht will. Und das, so erfährt es auch die Amerikanerin Christina in Barcelona (*Vicky, Christina, Barcelona*), weiß man in der Regel erst hinterher. In seinem Film über zwei sehr unterschiedliche Freundinnen beweist Woody Allen, dass im Leben nicht viel mehr möglich ist, als immer wieder auszusortieren, was man nicht will. Genau aus diesem Grund wirkt auch die ewig zweifelnde Christina sehr viel selbstbestimmter als ihre vernünftige Freundin Vicky, die zu wissen meint, was sie will – und sich deswegen verpflichtet fühlt, ihren biederen und gewöhnlichen Freund zu heiraten, weil der eine sogenannte gute Partie ist. Christina aber lässt die Frage nach dem, was sie will, unbeantwortet, denn kein Mensch kann, solange er lebt, wissen, was er will, und zwar aus einem einfachen Grund: Was ich will, ist IMMER etwas anderes!

Weil ich morgen ein anderer sein werde, kann das, was heute richtig für mich ist, schon bald wieder falsch sein. Sieht man sein Leben als Spiel, wird man daran nicht verzweifeln.

9
ENTSCHEIDUNGEN: DIE WICHTIGSTEN FAKTEN AUF EINEN BLICK

Jedes Kapitel in diesem Buch behandelte jeweils einen besonderen Aspekt der Entscheidungsfindung. Zum Schluss noch einmal die wichtigsten Erkenntnisse in der Übersicht.

ZWEI METAPHYSISCHE BEDINGUNGEN

Eine größere Auswahl bedeutet nur mehr verpasste Chancen.

Weil wir nicht in die Zukunft schauen können, können wir eigentlich nicht falsch entscheiden.

VIER PSYCHISCHE GESETZE

Wir vergleichen uns automatisch. Das Vergleichen kann man nicht abstellen, aber man kann es weniger ernst nehmen.

Wir vermuten überall Kausalzusammenhänge – und können daher oft den Zufall nicht als das akzeptieren, was er ist.

Sinn entsteht nur zwischen den Menschen.

Wir können Uneindeutiges nur schwer akzeptieren.

ZWEI LEBENSZIELE

Nichts ist wichtiger, als seine Würde zu verteidigen.

Sich selbst in der Zukunft zu entwerfen ist der Ausdruck unserer Freiheit.

EIN IRRTUM

Befolgen Sie diese Anweisung Schritt für Schritt, d. h. lesen Sie den ersten Absatz und führen Sie aus, was da steht, dann lesen Sie den zweiten Absatz und so weiter, bis zum Schluss. Wenn Sie der Versuchung widerstehen, alle Abschnitte auf einmal durchzulesen, dann können Sie anschließend jeden Disziplin-Ratgeber in die Tonne hauen. Los geht's:

Sie brauchen:

6 Eier
150 g Mehl
100 g Speisestärke
1 Backpulver
250 g Butter
250 g Zucker
1 Vanillezucker
etwas Bittermandelöl
3 EL Amaretto
100 g Marzipan
1 Packung Vollmilchkuvertüre

Nun gehen Sie in die Küche, holen Sie zwei Backschüsseln und einen Handmixer aus dem Schrank. Trennen Sie die sechs Eier. Das Eigelb kommt in die eine Backschüssel, das Eiweiß stellen Sie beiseite.

In der ersten Backschüssel rühren Sie die sechs Eigelb mit 250 g Butter, 250 g Zucker, einer Packung Vanillezucker und etwas Bittermandelöl auf höchster Stufe sehr schaumig. Dann erwärmen Sie 100 g Marzipan mit drei Esslöffel Amaretto in einem Topf, manschen das Ganze ein bisschen zusammen und geben es zur Teigmasse dazu.

In der zweiten Backschüssel mischen Sie 150 g Mehl, 100 g Speisestärke und eine Tüte Backpulver. Anschließend geben Sie unter ständigem Rühren die Mischung aus Mehl und Stärke esslöffelweise zum Teig dazu, bis die zweite Backschüssel leer ist. Jetzt schlagen Sie das Eiweiß zu Eischnee und heben es vorsichtig unter den Teig.

Wenn der Teig fertig ist, stellen Sie Ihren Backofen auf die erste Grillstufe. Dann legen Sie den Boden einer Springform mit Backpapier aus, verstreichen darauf drei Esslöffel der Teigmasse und stellen die Form anschließend in den leicht vorgeheizten Ofen auf die unterste Schiene.
Dann lassen Sie die Teigschicht drei Minuten grillen, nehmen die Form wieder heraus, verstreichen wieder drei Esslöffel auf der ersten Teigschicht, stellen die Form wieder für drei Minuten in den Ofen.

Das, was Sie gerade backen, ist ein Baumkuchen, dieser wird Sie für die nächsten anderthalb Stunden beschäftigen. Im Drei-Minuten-Takt werden Sie die Kuchenform noch ungefähr drei-

ßigmal aus dem Ofen herausnehmen und anschließend wieder hineinstellen. Nun kommt die eigentliche Aufgabe: Erledigen Sie in den jeweils Drei-Minuten-Pausen alles das, was Sie in den letzten Monaten, vielleicht sogar Jahren, auf die lange Bank geschoben haben:

Die unangenehme Kündigung der alten Versicherung – in den ersten drei Minuten suchen Sie Briefumschlag und Briefmarke heraus. In den nächsten drei Minuten ist der Briefumschlag beschriftet, und auf dem Dokument steht schon einmal die Anrede »Sehr geehrte Damen und Herren …« Und schon in der dritten Pause ist der Brief geschrieben, und spätestens nach der vierten liegt er auf dem Schreibtisch bereit, um ihn mitzunehmen und einzuwerfen.

In den nächsten drei Minuten klären Sie, wer Ihr Fahrrad reparieren kann, denn Sie tun das ja sowieso nicht.

Dann erledigen Sie einen unangenehmen Anruf, sortieren Ihre Steuerbelege, und zwar einfach nach Datum in einen neuen freien Ordner. Anschließend suchen Sie die Nummer eines Elektrikers heraus, und weil das keine drei Minuten dauert, schauen Sie noch, wo sich in Ihrer Nähe der nächste Altkleidercontainer befindet. Wenn Sie es noch schaffen, stellen Sie auf Ebay endlich den Baukompressor ein und fragen einen Freund, wann er mit seinem Werkzeug vorbeikommt, um die Regalbretter zurechtzusägen, die schon seit Monaten in Ihrem Keller stehen.

Zum Schluss nehmen Sie den Kuchen aus dem Ofen. Wenn der Baumkuchen abgekühlt ist, lösen Sie den Formrand und überziehen den Kuchen mit Vollmilchkuvertüre.

Immer wieder werden Entscheidungsschwierigkeiten mit Disziplinproblemen verwechselt. Ob mit Absicht oder aus Unkenntnis ist nicht immer klar zu erkennen. Tatsache ist, dass es mit der Entscheidung für gesündere Ernährung, mehr Sport oder die Zusatzausbildung nach Feierabend nicht getan ist. Jeder, der bereits mit einem oder mehreren Vorhaben gescheitert ist, weiß das. Daher ist die Frage, wann wir uns denn endlich entscheiden, unser Leben zu ändern, falsch gestellt. Schließlich muss hier keine Überzeugungsarbeit geleistet werden, weder bei sich noch bei den anderen; die meisten Menschen, so der Philosoph Richard David Precht zum Thema ungesunde Ernährung und andere schädliche Gewohnheiten, hätten überhaupt kein Einsichtsproblem. Mit anderen Worten, jeder Mensch wisse bereits, dass es nicht gesund ist, zu viel zu essen oder zu viel Alkohol zu trinken. Man merke selbst, dass es auf Dauer nicht zufrieden macht, jeden Abend vor dem Fernseher zu sitzen. Die *entscheidende* Frage ist doch nur, wie man sich das abgewöhnt!

Die Euphorie nach einer Entscheidung für die gute Sache ist groß. Aber leider verflüchtigt sie sich in der Regel ziemlich schnell, denn natürlich steht kein Publikum bereit, um bei jeder Joggingrunde Standing Ovations zu geben, und weder Papst noch Bundespräsident sind zur Stelle und klopfen einem nach erbrachtem Lernpensum auf die Schulter. Und auch die Figur oder Spanischkenntnisse verändern sich nicht so schnell, dass hier Anlass für Begeisterung besteht. Im Gegenteil: Wer nach Jahren mit der Umsetzung guter Vorsätze beginnt, wird erstaunt sein, wie schwer es ist, einen Tanz oder eine Sprache zu lernen, ein Buch zu schreiben, ein neues Geschäft aufzuziehen oder freundlicher zu seinen Kindern zu sein. Alles dauert immer länger als geplant, und nie gehen einem die Dinge so leicht von der Hand, wie man sich das in seinen Träumen ausgemalt hat. Und sogar, wenn man kleinere Erfolge erzielt, kommt man nicht umhin festzustellen, dass diese unsere Mitmenschen herzlich wenig interessieren. Kurz: Einen Plan Schritt für Schritt umzusetzen ist keinesfalls dauerhaft von euphorischen Gefühlen begleitet, wie das manchmal in entsprechenden Blogs, Büchern oder Seminaren suggeriert wird.

Wer einen Traum in Angriff nimmt, zerstört ihn.

Und es gibt da noch ein Problem: Es heißt, aller Anfang ist schwer, doch Durchhalten ist noch schwerer, und am allerschwersten ist es, die neuen Verhaltensweisen beizubehalten. Nicht wenigen fällt es nach ihren ersten Schritten hin zu einem besseren Leben wie Schuppen von den Augen, dass nämlich am Ende dieses Weges keine Belohnung wartet, sondern eine ganz, ganz schlimme Strafe: Von nun an muss man IMMER machen, was man sich einmal vorgenommen hat. Jetzt heißt es für alle Zeiten, gesund zu leben, mutig zu sein, immer Ja zu Veränderungen zu sagen. Mit anderen Worten, das schöne Leben ist vorbei. Man hat es ja selbst so entschieden.

Die Vorstellung, sich von nun an ständig zusammenzureißen, ist alles andere als angenehm, und es ist auch zu bezweifeln, dass das gelingt. Man ahnt, dass man, um das Geplante durchzuführen, irgendwie anders *sein* müsste, aber wäre man anders, dann würde man hier nicht sitzen und entscheiden müssen, dass es anders werden muss.

Die angebliche Erkenntnis, dass man Veränderungen viel tiefgehender angehen muss, damit sie auch von Dauer sind, hat schon viele in die Verzweiflung geführt. So heißt es in einem Newsletter von Mona Rosenberg auf der Website www.docplayer.org, dass Diäten oft deswegen nicht funktionieren, weil man ja nichts an den Ursachen seines Übergewichts ändere. Anstatt also ständig gegen sich selbst anzukämpfen, wäre es klüger, seine Gedanken und Gefühle zu ändern, denn dann würde sich das Wunschgewicht automatisch einstellen. Dagegen sei der Versuch, mit Diät abzunehmen, so wenig zielführend wie der Versuch, sich in einer roten Hose vor den Spiegel zu stellen und zu versuchen, am Spiegelbild die Farbe der Hose zu wechseln. Erst, wenn man sich eine Hose in einer anderen Farbe angezogen, will heißen seine inneren Überzeugungen gewechselt habe, würde man sich im Spiegelbild in der andersfarbigen Hose sehen.

Das klingt einleuchtend, so als habe man nun endlich den Hebel gefunden, an dem man ansetzen könnte, um die ersehnten Veränderungen herbeizuführen. Doch seine ganze Persönlichkeit umzukrempeln, um daraufhin wie von selbst das gewünschte Ziel zu erreichen, ist ein Erfolgsrezept, das nur auf den ersten Blick vielversprechend klingt.

Mit dem Vorhaben, etwas an seinen Gedanken zu ändern, gerät man nämlich leider vom Regen in die Traufe. Man kann Jahre grübelnd auf dem Sofa sitzen und wird ihn doch nicht finden, den Gedanken, mit dem das Abnehmen »wie von selber« geht. Denn das Problem bleibt immer das Gleiche: Man muss verstehen, wie man einen Plan in die Tat umsetzt. Sonst wird das alles nichts!

Wer mit Disziplin sein Leben meistern will, wird scheitern, sagt der Motivationstrainer Steffen Kirchner. Man kann sich nicht ständig zusammenreißen, und selbst wenn – was wäre das für ein Leben? Hat man also eine Entscheidung getroffen, macht man es genauso, wie bei allen anderen Dingen, für die man sich irgendwann entschieden hat und die man heute noch tut, ohne sie groß zu hinterfragen. Man macht eine Gewohnheit daraus. Gewohnheiten bemerkt man kaum, sie stören nicht, lösen weder ständige Verzichtsschmerzen noch anhaltendes Jubelgeschrei aus, erzeugen aber insgesamt einen akzeptablen Status quo. Gewohnheiten verhindern, dass das Konto gesperrt wird, wir verkommen oder verblöden oder uns die Freunde weglaufen. Es dauert allerdings eine Weile, bis man sie etabliert hat, aber es lohnt sich immer.

Kleine Schritte reichen, um das gute Gefühl zu haben, auf dem richtigen Weg zu sein. Und viele kleine Schritte ergeben dann irgendwann eine solide Angewohnheit. Es gibt viele Empfehlungen, wie diese Philosophie der kleinen Schritte umzusetzen ist, stets geht es darum, ein großes Ziel in winzige Teiletappen zu zerlegen, die wirklich jeder ohne größere Anstrengungen erreichen kann. Ein Tipp im Sinne dieser Philosophie wäre zum Beispiel, dass man statt der selbst verordneten (und nie eingehaltenen) Gymnastikstunde einfach zu zwei oder drei Lieblingsliedern im Wohnzimmer tanzt. Jan Becker, der Hypnotiseur, schwört ebenfalls auf die kleinen Schritte, um sich selbst zu beeinflussen. In seinem Buch *Du wirst tun, was ich will* erklärt er, wie man sich das Joggen angewöhnen kann: An den zwei Abenden in der Woche, an denen man irgendwann vorhat, regelmäßig eine halbe Stunde zu joggen, zieht man Sportkleidung an und geht einmal um den Block. Wieder zu Hause angekommen, zieht man die Sportklamotten aus und setzt sich aufs Sofa. Sinn der Übung ist, sich anzugewöhnen, um eine bestimmte Zeit in Sportsachen aus dem Haus zu gehen. Ein perfekter Vorschlag, denn so wird man unmerklich eine neue Gewohnheit etablieren, die man vielleicht nicht etabliert hätte, hätte man tatsächlich von Anfang an eine echte halbe, anstrengende Stunde laufen müssen! Irgendwann ein wenig zu joggen, statt immer nur zu gehen, ist dann ein Kinderspiel.

Doch solche kleinen Schritte reichen sehr ambitionierten Leuten nicht, sie erscheinen ihnen lachhaft, stets möchten sie die durch irgendwelche Onlinekurse oder Ermutigungsseminare ausgelöste Motivation nutzen und sich selbst übertreffen. Selten können sie der Versuchung widerstehen, mehr zu tun, als bei der lustvollen Unterbietung erlaubt wäre. Das fühlt sich vielleicht in dem Moment gut an, aber auf die Dauer rächt es sich, denn das Unterbewusstsein lässt sich nicht überlisten. »Es« weiß dann, dass da ein »Mehr« eingeplant ist. (So durchschaut es zum Beispiel auch sehr schnell die Pomodoro-Technik, eine Zeitmanagementmethode, die in den 1980ern von Francesco Cirillo entwickelt wurde. Dabei wird ein längeres Projekt in mehrere kürzere Arbeitsphasen zerlegt, das heißt, nach fünfundzwanzig Minuten Arbeit macht man jeweils eine Viertelstunde Pause. Die Idee ist gut, denn kaum einer kann sich mehrere Stunden am Stück ernsthaft konzentrieren. Allerdings weiß jeder, der sich an seinen Schreibtisch setzt, dass mehrere Phasen von fünfundzwanzig Minuten Arbeit am Ende doch einen Acht-Stunden-Tag ergeben werden. Die Pausen rechnet das Unterbewusstsein einfach raus. Arbeit ist schließlich Arbeit.)

Alles, was man als Änderung bemerkt, löst Widerstände aus, und gegen Widerstände anzukämpfen, ist Kraftverschwendung. Das Geheimnis des Sich-selbst-Besiegens, wie es so schön heißt, besteht nicht darin, sich selbst zu überwinden, sondern darin, sich selbst lustvoll zu unterbieten. Denn im Gegensatz zu allen anderen Methoden nutzt sich der Spaß an der Unterbietung nie ab. Der Spaß besteht darin, jede Situation stets mit dem Gefühl zu verlassen, dass man auf jeden Fall hätte mehr leisten können, wenn man gewollt hätte. Und genau das erzeugt ein Gefühl von Freiheit. Der Baumkuchenversuch zwingt einen, aus den leicht zu meisternden drei Minuten nicht heimlich fünf oder gar zehn Minuten zu machen. Das heißt, die unangenehmen Tätigkeiten so zu verlängern, bis es wieder mal so unerträglich wird, dass man noch lange daran denken wird. Und sich logischerweise vor der nächsten Aufräum- und Erledigungssession drückt. Dabei lässt sich auch in drei Minuten einiges erledigen.

Lieber wenig als gar nichts –
das ist die Philosophie der
kleinen Schritte.

Wer jedes Mal bis zum Äußersten geht, zeigt sich doch nur jedes Mal, wo die eigenen Grenzen liegen. Und das muss man nicht unbedingt wissen, erhebend ist dieses Wissen nämlich nie. Hohe Ziele lösen zwar anfänglich Euphorie aus, behindern aber auf lange Sicht: Hat man einmal damit angefangen, misst man sich ständig an seinen eigenen Höchstleistungen, und es liegt in der Natur der Sache, dass es Tage gibt, an denen man darunterliegt. Und alles, was unter dem liegt, was man leisten könnte, wenn man sich »nur ein kleines bisschen mehr Mühe geben würde«, ist plötzlich nicht mehr in Ordnung. Will man aus dieser Position heraus mit sich zufrieden sein, ist man gezwungen, die einmal gesetzten Maßstäbe einzuhalten oder zu übertreffen, alles andere wäre nämlich zu wenig. Das ist keine Freiheit mehr, sondern der Beginn des Kampfes gegen sich selbst.

Sich lustvoll unterbieten heißt, dass man sich auch okay findet, wenn man gar nichts tut. Und nur unter dieser Voraussetzung empfindet man alles, was man zusätzlich macht, als etwas Erwähnens- und Lobenswertes, auf etwas, auf das man zurecht stolz sein kann.

> Wer dauernd wie selbstverständlich Höchstleistungen von sich erwartet, wird immer enttäuscht von sich sein.

Ein etwas zu niedrig gestecktes Ziel verfolgt man auch sehr viel wahrscheinlicher, und wenn dann aus dem Wenigen nach einer Weile eine Gewohnheit geworden ist, kann man ja den nächsten Schritt gehen. Wenn es denn unbedingt sein muss.

NACHWEISE

Abdruckgenehmigungen

Die Verwendung des Zitats »Wer zweimal mit derselben pennt, gehört schon zum Establishment.« erfolgt mit freundlicher Genehmigung des Rowohlt Verlags: Robert Pfaller, *Das schmutzige Heilige und die reine Vernunft*, Frankfurt am Main: Fischer Verlag 2008, S. 115
Die Verwendung des Zitats »In ebendiesem Sinne ist Freiheit (…) die Offenbarung der menschlichen Würde.« erfolgt mit freundlicher Genehmigung des Herder Verlags: Erich Fromm, *Authentisch leben*. Freiburg: Herder spektrum, 5. Auflage, S. 48

Zitatnachweise

1. Kapitel: Du kannst alles, wenn du dich traust
»Wir sind alle maximal frei« Hartmut Rosa, Interview in: Geo Kompakt Nr. 40 09/2014
»Wenn früher im Dorf« Friedeman Schulz von Thun, Interview in: bento.de, 29. 03. 2016
»Die kognitive Psychologie zeigt« Eva Illouz, Interview in: Die Welt, 12. 10. 2011
»Dauernd soll man sich« Robert Pfaller, *Das schmutzige Heilige und die reine Vernunft*, Frankfurt am Main: Fischer Verlag 2008, S. 115
»Diese zwei, drei Wege« Eva Hoffmann, »Alle Wege stehen dir offen« … jetzt.de 31. 05. 2018

»Der Irrtum besteht darin« Hartmut Rosa, Interview in: Geo Kompakt Nr. 40, 09/2014

»Es gibt keinen Raum mehr« Sheila Heti, Interview in: The Guardian, 25. Mai 2018

2. Kapitel: Endlich einmal etwas richtig machen

»Manchmal habe ich das Gefühl« Nektarios Vlachopoulos, aus: Querköpfe DLF, 31.10.18

»Große Veränderungen verlangen« David Michael Davis, Interview in: Der Spiegel, 3/2019

»Jeder, ausnahmslos jeder Tipp« Manfred Lütz in dem Podcast Viertausendhertz/Elementarfragen, Nummer 83/1.10.2017

»In einem Interview noch vor dem Spiel« Nick Foles, Interview in: Süddeutsche.de, 5.2.2018

»Alles wäre anders« Robert Pfaller, *Die Illusionen der anderen*, Frankfurt: edition Suhrkamp 2002, S. 296

»Die besten Pokerspieler« Jan Heitmann, Interview in: Süddeutsche.de, 07.02.2019

3. Kapitel: Mein gutes Recht auf Glück

»Und das Auge des Neides« Friedrich Nietzsche, Kann der Neidische je wahrhaft glücklich sein? September 1863

»Während mein Gegenüber also« Katja Corcoran, Interview in: jetzt.de, 22.5.2008

»weil du dem Wortgeblubber« Christine Prayon, »Poetry-Slam, Baby!«, in: Pufpaffs Happy Hour, 2018

4. Kapitel: Der schöne Glanz des Zufalls

»Wir sind die Summe dessen« Eva Illouz, Interview in: Spiegel-Online, 11.10.2011

»Wenn der Ausgang eines Spiels« Alan Watts, Lecture: This is why you're not Happy

»Man darf sich vor Erfolg« Cecelia Ahern »Reden wir über Geld«, Interview in Süddeutschen Zeitung, September 2018

»Leben ist aussuchen.« Kurt Tucholsky, Werke 1907–1935. Die Aussortierten, in: Die Weltbühne, 13. 01. 1931

»nur die Leute, die Glück hatten« Florian Aigner, Interview in: Süddeutsche.de, 24. 01. 2017

»Aber nicht allen Fans« George Packer, *Die Abwicklung*, Frankfurt am Main: S. Fischer Verlag 2015, S. 78

5. Kapitel: Glücklich sein gegen den Rest der Welt?

»Menschen, die sowohl beruflich als auch privat« Der Begriff »Satisficer« stammt ursprünglich von dem Sozialwissenschaftler und Nobelpreisträger Herbert A. Simon.

»zeigten die Satisficer größeren Optimismus« Gerd Gigerenzer, *Bauchentscheidungen*, München: Goldmann 2007, S. 14

6. Kapitel: Wer die Reue besiegt

»Nichts im Leben ist« Daniel Kahnemann, *Schnelles Denken, langsames Denken*, München: Siedler 2012, S. 496

»Das Ausschlaggebende ist« Charles Taylor, *Das Unbehagen der Moderne*, Frankfurt am Main: Suhrkamp 1995, S. 22 f.

»Der radikal vereindeutigte Mensch« Thomas Bauer, Interview in: Deutschlandfunk Kultur, 15. 04. 2018

»Wenn es einer Kultur gelingt« Robert Pfaller, *Das schmutzige Heilige und die reine Vernunft*, Frankfurt am Main: Fischer Verlag 2008, S. 57

7. Kapitel: Wann es Zeit ist, radikal zu werden

»In ebendiesem Sinne« Erich Fromm, *Authentisch leben*. Freiburg: Herder spektrum, 5. Auflage, S. 48

»Wenn das Gefühl für« Udo Baer und Gabriele Frick-Baer, *Deine Würde entscheidet*, Weinheim: Beltz-Verlag 2018, S. 59

8. Kapitel: Will ich denn, was zu mir passt?

»Frei sein heißt nicht wollen« Robert Hamerling, *Atomistik des Willens*. Reprint der Originalausgabe von 1891. Universität Innsbruck 2011